Jürgen und Simone Schuh

WhatsApp

Die verständliche Anleitung

Vierfarben

Sie haben Fragen, Wünsche oder Anregungen zum Buch?
Gerne sind wir für Sie da:

Anmerkungen zum Inhalt des Buches: isabella.bleissem@vierfarben.de
Bestellungen und Reklamationen: service@vierfarben.de
Rezensions- und Schulungsexemplare: hendrik.wevers@vierfarben.de

An diesem Buch haben viele mitgewirkt, insbesondere:

Lektorat Isabella Bleissem
Korrektorat Marita Böhm, München
Herstellung Janina Brönner
Einbandgestaltung Nadine Kohl
Coverbilder iStockphoto: 473179492©Geber86, iStockphoto: 612236384©SolStock, Shutterstock: 129821249©Creative Travel Projects, WhatsApp Inc
Typografie und Layout Christine Netzker
Satz Christine Netzker
Druck Media-Print Informationstechnologie GmbH, Paderborn

Gesetzt wurde dieses Buch aus der ITC Charter (10,5 pt/15 pt) in Adobe InDesign CC. Und gedruckt wurde es auf chlorfrei gebleichtem Offsetpapier (90 g/m²). Hergestellt in Deutschland.

Bibliografische Information der Deutschen Nationalbibliothek
Die Deutsche Nationalbibliothek verzeichnet diese Publikation in der Deutschen National-
bibliografie; detaillierte bibliografische Daten sind im Internet über http://dnb.d-nb.de abrufbar.

ISBN 978-3-8421-0307-8

© Vierfarben, Bonn 2017
1. Auflage 2017

Vierfarben ist eine Marke der Rheinwerk Verlag GmbH
Rheinwerkallee 4, 53227 Bonn
www.vierfarben.de

Der Verlagsname Vierfarben spielt an auf den Vierfarbdruck, eine Technik zur Erstellung farbiger Bücher. Der Name steht für die Kunst, die Dinge einfach zu machen, um aus dem Einfachen das Ganze lebendig zur Anschauung zu bringen.

Liebe Leserin, lieber Leser,

vermutlich haben viele von Ihnen sich gerade erst dazu durchgerungen, dem Drängen von Familie und Bekannten nachzugeben und nun endlich auch ein Teil der großen WhatsApp-Gemeinde zu werden. Ihr Umfeld wird sich herzlich darüber freuen, nun bald auf diese Weise mit Ihnen in einen regen Austausch einzutreten. Aber auch Sie werden WhatsApp sicher bald nicht mehr missen wollen, wenn Sie damit näher Bekanntschaft schließen.

Vertrauen Sie sich dazu unserem erfahrenen Autorenduo an, und lassen Sie sich alles der Reihe nach zeigen – von der Erstellung eines Profils über den ersten Austausch von Nachrichten, das »Aufhübschen« von Fotos und Videos, das Telefonieren mit WhatsApp in Ton und Bild bis zur Organisation der Familienfeier im sog. Gruppenchat. Jürgen Schuh ist aus seinen zahllosen Kursen mit den Fragen und Nöten vor allem auch von Späteinsteigern bestens vertraut. Tatkräftig unterstützt durch seine Frau Simone verrät er Ihnen in diesem Buch alles Wissenswerte auch zum Thema Datensicherheit, zur Vermeidung von Kostenfallen, wie Sie mit unerwünschten Kontakten verfahren können und wie Sie für Ordnung und Überblick in Ihren sich sicher rasch füllenden Chatverläufen sorgen. Wenn Sie dann WhatsApp aus dem Effeff beherrschen, können sich auch die »Profis« sicher noch etwas von Ihnen abschauen.

Dieses Buch wurde mit größter Sorgfalt geschrieben und hergestellt. Sollten Sie dennoch einmal einen Fehler finden oder inhaltliche Anregungen haben, freue ich mich, wenn Sie mit mir in Kontakt treten. Für Kritik bin ich dabei ebenso offen wie für lobende Worte. Doch nun wünsche ich Ihnen erst einmal viel Freude und Erfolg beim »WhatsAppen«!

Ihre Isabella Bleissem
Lektorat Vierfarben

isabella.bleissem@vierfarben.de

Inhalt

KAPITEL 1

Bevor es losgehen kann

Sicher sind Sie schon ganz gespannt darauf, zu erfahren, wie Sie WhatsApp für all das einsetzen können, was Ihnen so vorschwebt – Chatten, Telefonieren, Bilder versenden usw. Ist die App bereits auf Ihrem Smartphone installiert, können Sie gleich zu Kapitel 2, »Die Oberfläche und erste Einstellungen«, ab Seite 15 springen. Für alle anderen heißt es, vorab zu prüfen, ob ihr »Handy« auch für WhatsApp geeignet ist. Prinzipiell läuft die App nämlich nicht auf einem klassischen Handy, das nur zum Telefonieren und Versenden von SMS geeignet ist. Auch hinsichtlich der Betriebssystemversion gibt es Einschränkungen.

Voraussetzungen für die Benutzung von WhatsApp

WhatsApp funktioniert auf nahezu allen Smartphones mit den Betriebssystemen Android, iOS (Apple), Microsoft Windows Mobile und einigen wenigen anderen »Exoten«. Ob Ihr Gerät bzw. mobiles Betriebssystem WhatsApp unterstützt, erfahren Sie im Internet unter *https://www.whatsapp.com/faq/de/general/20951556*.

WhatsApp behält es sich vor, für ältere Betriebssystemversionen den Support einzustellen. So läuft die App nur noch auf Android-Smartphones ab der Version 2.3.3; auf iPhones muss mindestens iOS 7 installiert sein, während ein Windows Phone wenigstens mit dem OS 8 ausgestattet sein muss (Stand: Juni 2017).

Wie finde ich überhaupt meine Betriebssystemversion heraus?

- Bei Android-Geräten tippen Sie auf **Einstellungen**. Findet sich ein Menüpunkt **System**, öffnen Sie diesen. Dieser ist jedoch nicht immer vorhanden. Tippen Sie (je nach Modell) auf **Über das Telefon** oder **Systeminformationen** bzw. einen ähnlichen Eintrag (je nach Modell unterschiedlich). Nun bekommen Sie die Android-Version angezeigt.

- Bei iPhones findet sich die iOS-Version unter **Einstellungen ▸ Allgemein ▸ Info**.

- Bei Windows Phones finden Sie die Version entsprechend unter **Einstellungen ▸ Info ▸ Weitere Informationen** und dort unter dem Punkt **Software**.

Da WhatsApp, von wenigen Details abgesehen, bei allen Betriebssystemen im Prinzip gleich funktioniert, stellen wir Ihnen die Nutzung auf einem Android-Gerät vor, über das die Mehrzahl von Ihnen (gemäß Statistik immerhin über 70 %) verfügen dürfte. WhatsApp kann aus den *Stores* (den App-Bezugsquellen) der jeweiligen Betriebssystemanbieter heruntergeladen und installiert werden.

- Hierzu benutzen die Besitzer eines Android-Smartphones die App-Zentrale *Google Play Store*. Voraussetzung ist ein eingerichtetes *Google-Konto*.

Apple ID, Google- und Microsoft-Konto – wozu eigentlich?

Um Apps aus den jeweiligen Stores herunterzuladen und um die volle Funktionalität des Smartphones zu nutzen, muss darauf eine entsprechende ID (Apple) oder ein Benutzerkonto (Google bzw. Microsoft) hinterlegt sein. Diese bestehen jeweils aus der E-Mail-Adresse, die Sie dafür nutzen, und einem Passwort, das Sie selbst vergeben.

- iPhone-Besitzer laden ihr WhatsApp aus dem *App Store* von Apple herunter; hierzu muss das Gerät mit einer *Apple ID* versehen sein.

- Nutzer eines Windows Phone finden ihre WhatsApp-Version im *Windows Store*; entsprechend muss sich ein *Microsoft-Konto* auf dem Gerät befinden.

Die Verwendung von WhatsApp ist abhängig von Ihrer Mobilfunknummer, d. h., zum späteren »WhatsAppen« muss sich grundsätzlich diejenige SIM-Karte in Ihrem Smartphone befinden, welche auch bei der Installation eingelegt war. Was zu tun ist, wenn Sie mit WhatsApp auf ein neues Smartphone umziehen bzw. eine neue Mobilfunknummer erhalten, erfahren Sie in Kapitel 6, »Wissenswertes und Nützliches rund um WhatsApp«, ab Seite 90.

Ohne Internet kein Senden und Empfangen!

Zum Versenden und Empfangen von Nachrichten muss eine aktive Internetverbindung, sei es über *WLAN* (*WiFi*) oder über einen mobilen Datentarif, bestehen. Falls Sie einen Tarif mit einem eher kleineren Datenvolumen zur Verfügung haben, empfiehlt es sich, eine (kostenfreie) WLAN-Verbindung zu nutzen – insbesondere dann, wenn Sie datenintensive Videos oder eine Vielzahl von Fotos empfangen oder versenden. Für die Installation von WhatsApp empfehlen wir jedoch eine Verbindung ausschließlich über *WLAN*, da es bei der Verwendung der mobilen Daten im Rahmen des Installationsvorgangs zu Problemen kommen könnte.

So installieren Sie WhatsApp auf dem Smartphone

Um WhatsApp auf Ihrem Smartphone mit Android zu installieren, gehen Sie folgendermaßen vor:

1. Öffnen Sie die App-Bezugsquelle Ihres Smartphones, also den *Google Play Store*, und geben Sie als Suchbegriff »WhatsApp« ein.

2. Tippen Sie im Suchergebnis auf die Schaltfläche **Installieren** ❶.

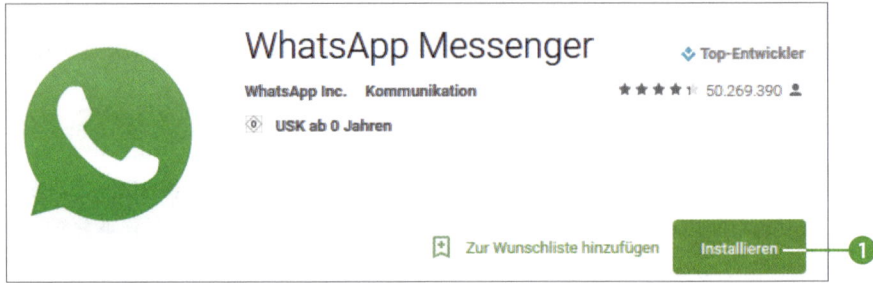

3. Im Rahmen des Installationsvorganges werden Sie ggf. gefragt, ob WhatsApp auf verschiedene Bereiche Ihres Smartphones zugreifen darf – etwa auch auf eine separat eingelegte Speicherkarte (*SD-Karte*) ❷, sollte sich eine solche in Ihrem Smartphone befinden. Um die gesamte Funktionalität von WhatsApp nutzen zu können, empfiehlt es sich, sämtliche dieser Zugriffsberechtigungen mit einem Fingertipp auf **Zulassen** zu erteilen ❸.

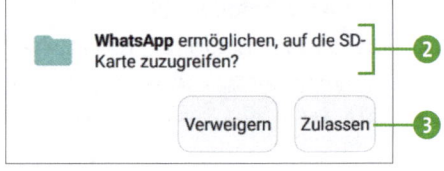

Zugriffsberechtigungen bei Android 6 und 7

Bei Smartphones, auf denen die Android-Versionen 6 und 7 installiert sind, können Sie die Zugriffsberechtigungen, die Sie für Ihre Apps erteilt haben, jederzeit im Nachhinein wieder rückgängig machen – auch einzeln. Dies erledigen Sie im Menü **Einstellungen** unter der Rubrik **Apps** bzw. **Anwendungen** oder auch **Anwendungsmanager** – je nach verwendetem Smartphone-Modell.

Der erste Start

Nach der Installation, die bei Smartphones mit anderen Betriebssystemen ähnlich erfolgt, finden Sie WhatsApp als *Icon* (Programmsymbol) in Ihrer App-Übersicht vor. Mit einem Tipp darauf öffnen Sie die App. Beim erstmaligen Öffnen von WhatsApp müssen Sie nun noch den Nutzungsbestimmungen zustimmen, um fortfahren zu können. Diese werden, je nach auf Ihrem Smartphone installierten Betriebssystem, entweder direkt zum Lesen angezeigt, oder Sie gelangen mittels Link dorthin. Eines ist aber bei allen Betriebssystemen gleich: Ohne Zustimmung zu den Nutzungsbedingungen funktioniert WhatsApp nicht.

Nun geht es daran, Ihre Telefonnummer zu verifizieren. Dazu gehen Sie folgendermaßen vor:

1. Durch Antippen des Displays erscheint Ihre Eingabetastatur. Geben Sie Ihre Mobilfunknummer inklusive Länderkennung, jedoch ohne die führende Null ❶ ein. Der Landescode einer deutschen SIM-Karte ist + 49. Entsprechend muss der Landescode für außerdeutsche SIM-Karten ausgewählt werden (der Landescode von Österreich lautet beispielweise + 43; die Schweiz hat die + 44). Tippen Sie hierzu auf das Auswahldreieck ❷, und wählen Sie aus der angezeigten Liste Ihr Land aus.

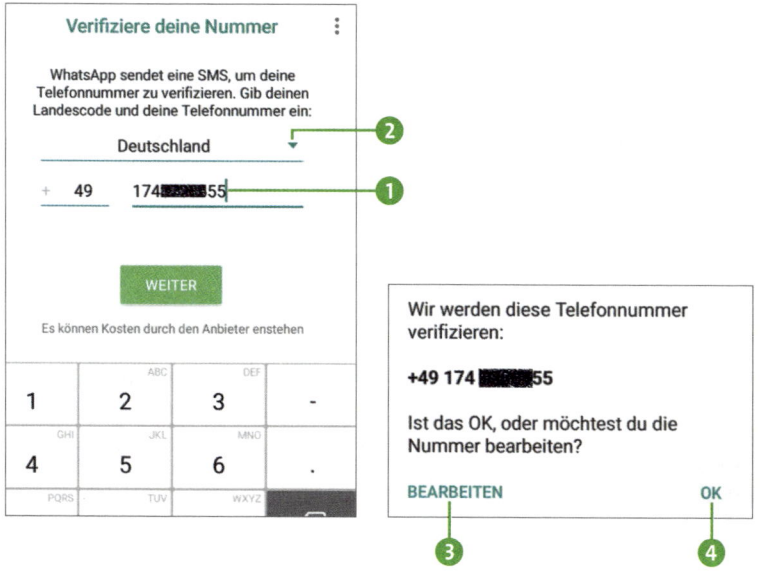

2. Nach Eingabe Ihrer mobilen Telefonnummer wird diese nochmals auf dem Display angezeigt, und Sie können eventuelle Korrekturen über die Schaltfläche **BEARBEITEN** ❸ vornehmen. Ist die Nummer korrekt, tippen Sie auf **OK** ❹, und der Verifizierungsprozess startet.

3. Nun erhalten Sie in den meisten Fällen eine »stille« SMS, die durch WhatsApp selbstständig verarbeitet wird. Es kann aber auch vorkommen, dass Sie eine sichtbare SMS erhalten. Notieren Sie den darin enthaltenen 6-stelligen Code, geben Sie ihn in das dafür vorgesehene Feld ein, und bestätigen Sie Ihre Eingabe.

Die Verifizierung klappt nicht?

In seltenen Fällen kann es zu Problemen bei der Verifizierung kommen. Hier hilft WhatsApp auf seiner FAQ-Seite (*Frequently Asked Questions* = häufig gestellte Fragen) weiter. Geben Sie also in das Suchfeld Ihres Internetbrowsers auf *www.whatsapp.com/faq* den Begriff »verifizieren« ein. Auch bei anderen Problemen können Sie die Seite zurate ziehen.

Jetzt bin ich dabei

Endlich ist es soweit, die Verifizierung war erfolgreich; und Sie sind sozusagen drin – in WhatsApp. Als Nächstes sehen Sie das Fenster **Profilinfo**.

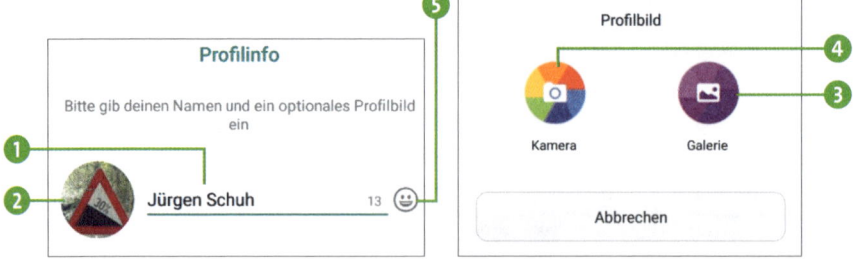

Falls Sie Ihr Profilinfo jetzt noch nicht bzw. noch nicht vollständig aus-füllen möchten, ist das kein Problem – Ergänzungen und Veränderun-gen sind im Nachhinein noch möglich, wie Sie im Abschnitt »Alles eine Frage der Einstellungen« ab Seite 22 erfahren.

1. Der Name, den Sie hier über die Bildschirmtastatur eingeben ❶, wird Ihren WhatsApp-Partnern (Chatpartnern) angezeigt, ebenso das Profilbild ❷, welches Sie hier einfügen können, aber natürlich nicht müssen. (Wählen Sie kein Profilbild, wird eine anonyme Sil-houette neben Ihrem Namen angezeigt.)

2. Zum Einfügen eines Profilbildes tippen Sie auf den runden Platz-halter ❷ links des Namens (im Beispiel befindet sich hier bereits ein Profilbild).

   Nun haben Sie die Wahl: Entweder fügen Sie ein Bild ein, das sich bereits im Speicher Ihres Smartphones befindet (und bei Android-Geräten in der App *Galerie* angezeigt wird). Oder Sie nehmen ein Bild mithilfe Ihrer im Smartphone integrierten Kamera auf.

3. Tippen Sie auf **Galerie** ❸, und wählen Sie unter den angezeigten Bildern das passende aus. Bestätigen Sie mit **OK**.

4. Alternativ: Durch Antippen von **Kamera** ❹ öffnet sich die Kamera-App Ihres Smartphones. Machen Sie ein Foto, und übernehmen Sie es als Profilbild.

5. Zu guter Letzt können Sie Ihr Erscheinungsbild nach außen noch durch sog. *Emojis* bzw. *Emoticons (Smileys)* aufpeppen. Tippen Sie hierzu auf das rechts vom Namenseingabefeld befindliche Symbol ❺ – und schon öffnet sich eine Auswahl von Emoticons, aus wel-cher Sie sich bedienen können.

6. Wenn Sie Ihre Eingaben im Profilinfo abgeschlossen haben, tippen Sie auf **Weiter**.

   Jetzt können Sie so richtig mit WhatsApp loslegen.

Die Sache mit den Bildrechten

Anstelle eines Porträts eignen sich für ein Profilbild grundsätzlich Aufnahmen von Gegenständen, Tieren oder auch Landschaften. Schließlich wird dieses von der gesamten WhatsApp-Gemeinde, mit der Sie kommunizieren, gesehen. Die Aufnahmen sollten Sie in jedem Fall selbst angefertigt haben. Somit besitzen Sie auch die vollen Rechte zur Veröffentlichung – sowohl was die Urheber- als auch was die Persönlichkeitsrechte anbelangt, die bei abgebildeten Gegenständen aber natürlich erst gar nicht zum Tragen kommen.

KAPITEL 2

Die Oberfläche und erste Einstellungen

Fenster und Bedienelemente in WhatsApp

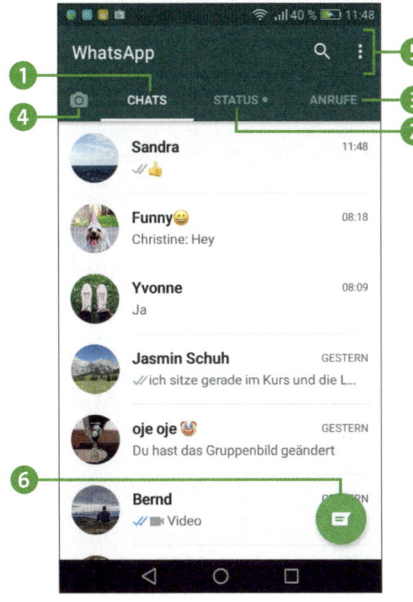

Der Eingangsbildschirm von WhatsApp ist das Chatfenster. Somit ist **CHATS** ❶ bereits aktiv, was Sie an der Hervorhebung erkennen. Das Chatfenster öffnet sich also immer, wenn Sie WhatsApp starten. Beim ersten Start ist **CHATS** natürlich noch leer. Es wird sich erst nach und nach mit Ihren Chats füllen.

Rechts neben dem Chatfenster befinden sich die Fenster **STATUS** ❷ und **ANRUFE** ❸. Sie gelangen zu diesen Fenstern, indem Sie per Wischgeste über den Bildschirm nach rechts bzw. links

wischen. Alternativ tippen Sie kurz auf den jeweiligen Fensternamen. Mit dem Fenster **STATUS** beschäftigen wir uns im Abschnitt »Der Status – so sieht mich die WhatsApp-Welt« ab Seite 19. Das Fenster **ANRUFE** ist, falls Sie WhatsApp zum ersten Mal benutzen, ebenfalls leer – Sie

haben schließlich noch keine Anrufe über WhatsApp getätigt. Wie das funktioniert, erfahren Sie in Kapitel 4, »Telefonieren mit WhatsApp«, ab Seite 57.

Welches Fenster sich hinter dem Kamera-Symbol ganz links ❹ verbirgt, erfahren Sie im Abschnitt »Bilder, Videos und GIFs versenden« ab Seite 38.

Der horizontale Bereich über den Fensternamen heißt *Aktionsbalken* ❺. Je nachdem, welches Fenster Sie geöffnet haben, sehen Sie hier unterschiedliche Symbole.

WhatsApp überprüft die im Adressbuch Ihres Smartphones gespeicherten Mobilfunknummern und listet diese in Ihren Chatkontakten, in der sog. *Favoritenliste*, auf. Zu den Chatkontakten gelangen Sie, indem Sie auf das Kontakte-Symbol 🔳 ❻ tippen. Nutzen Ihre Freunde und Bekannte bereits WhatsApp, wird deren Name hier angezeigt – alphabetisch nach Vornamen geordnet. Jedoch nur, wenn diese mit einer **Mobilfunknummer** in Ihrem Adressbuch hinterlegt sind. Sind Ihre Kontakte lediglich mit einer **Festnetznummer** in Ihrem Adress-

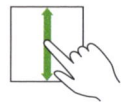

buch abgespeichert, werden diese in Ihren Chatkontakten nicht angezeigt. Durch die Favoritenliste können Sie per Fingergeste wischen.

Kontakte in Ihrem Adressbuch, die WhatsApp noch nicht benutzen, finden sich nicht in Ihrer Favoritenliste. Diese Kontakte können Sie aber zum Verwenden von WhatsApp einladen. Wie das funktioniert, lesen Sie im folgenden Abschnitt.

Die Kontaktliste füllen

Um Ihre Kontakte zu WhatsApp einzuladen und somit Ihre Favoritenliste zu füllen, gehen Sie folgendermaßen vor:

1. Öffnen Sie WhatsApp, und tippen Sie im Fenster **CHATS** auf das Kontakte-Symbol 🔳 (siehe ❻ auf Seite 15).

2. Begeben Sie sich in der nun erscheinenden Liste mit einem Fingerwisch nach oben bis ganz nach unten, und tippen Sie auf das Symbol **Freunde einladen** ⌇.

3. Entscheiden Sie, auf welche Art Sie einen Freund einladen wollen, z. B. per SMS mithilfe der App **Nachrichten**. Tippen Sie auf das Symbol ❶, erscheint ein neuer Bildschirm, in dem Sie den Adressaten ❷ aus Ihrem Adressbuch auswählen können.

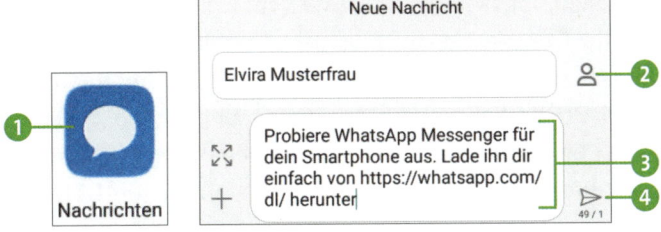

4. Senden Sie diesem den durch WhatsApp vorgefertigten Text ❸ mithilfe der Senden-Schaltfläche ❹.

Verfahren Sie entsprechend mit allen weiteren Kontakten, und schon stehen Ihnen die gewünschten Kontakte in WhatsApp zur Verfügung.

WhatsApp können Sie auch dazu benutzen, einen neuen Kontakt auf Ihrem Smartphone anzulegen.

1. Öffnen Sie das **CHATS**-Fenster, und tippen Sie auf das Kontakte-Symbol ⬛. Ihre WhatsApp-Kontakte werden aufgelistet.

2. Tippen Sie auf das Kontakt-hinzufügen-Symbol 👤 ❺, öffnet sich automatisch die Kontakte-App Ihres Smartphones.

3. Erstellen Sie den neuen Kontakt in Ihrem Adressbuch auf dem Smartphone.

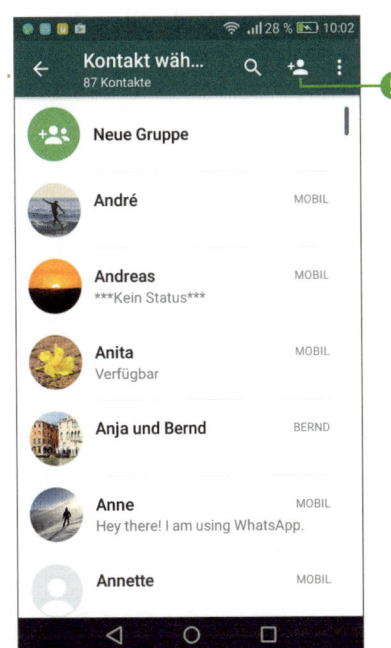

Wissenswertes zum Speichern von Kontakten

Erstellen Sie auf einem Android-Smartphone einen neuen Kontakt, so wird dieser »von Hause aus« im Speicher Ihres Smartphones abgelegt. Möchten Sie sich ein weiteres Gerät einrichten und damit auch auf die Kontakte zugreifen, müssen die Kontakte vom Erstgerät gesichert und auf das weitere Gerät aufgespielt werden. Für viele Nutzer stellt diese Vorgehensweise ein großes Problem dar. Sollte Ihr Smartphone einen irreparablen Defekt haben oder gar abhandenkommen, haben Sie die Möglichkeit des Sicherns und Neuaufspielens schon gar nicht mehr. Haben Sie Ihre Kontaktdaten nicht auf einem anderen Datenspeicher oder in einer sog. *Cloud* (einem Online-Datenspeicher) gesichert, müssen Sie sich die Kontakte wieder zusammensuchen und neu eingeben – eine oftmals mühselige und darüber hinaus unnötige Fleißarbeit. Die elegantere Lösung ist, die Kontakte von vornherein unter dem *Google-Konto* zu speichern, das Sie auf Ihrem Smartphone einrichten können. Während der Kontakte-Erstellung kann man dieses dann entsprechend auswählen. Integrieren Sie das Google-Konto auch auf Ihrem weiteren Gerät, werden die Kontakte automatisch synchronisiert. Achtung: Zum Einrichten des Google-Kontos auf Ihrem (neuen) Smartphone benötigen Sie nicht nur den Kontonamen, sondern auch das Passwort für dieses Konto. Notieren Sie sich dieses also am besten, und bewahren Sie es an geeigneter Stelle auf.

So speichern Sie einen neuen Kontakt unter Ihrem Google-Konto:

1. Öffnen Sie die Kontakte-App Ihres Smartphones, und erstellen Sie einen neuen Kontakt. Voreingestellt ist stets, dass der neue Kontakt im Telefonspeicher hinterlegt wird ❶.

2. Teilen Sie Ihrem Smartphone also mit, dass der neue Kontakt unter dem Google-Konto gespeichert werden soll. Hier im Beispiel tippt man dazu auf die kleine nach unten zeigende Pfeilspitze ❷ und öffnet damit die Auswahl der Speicherorte. (In der Kontakte-App auf Ihrem Smartphone kann das etwas anders aussehen, funktioniert aber vom Prinzip her genauso.)

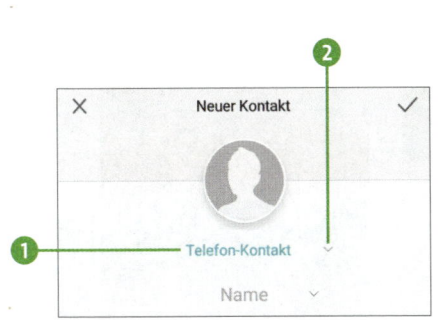

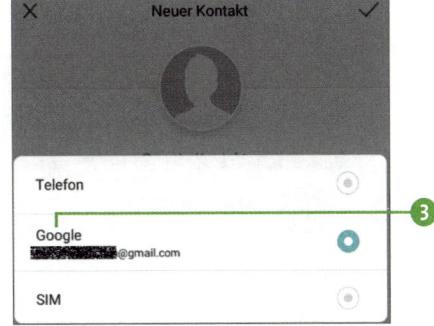

3. Tippen Sie den gewünschten Speicherort, in diesem Fall also das Google-Konto ❸, an. Fortan werden Ihre Kontakte unter dem Google-Konto gespeichert.

Der Status – so sieht mich die WhatsApp-Welt

Mit dem *Status* zeigen Sie Ihren Kontakten an, was Sie gerade tun, in welcher Stimmung Sie sich befinden, was Ihr Motto ist oder was Sie im Moment gerne über sich zum Ausdruck bringen möchten. Hierfür können Sie Fotos, Videos oder sog. GIFs, also kleine animierte Bildchen, verwenden (mehr dazu im Abschnitt »Bilder, Videos und GIFs versenden« ab Seite 38) und diese zusätzlich gestalten oder auch beschriften. Die Statusmeldungen sind nur für diejenigen Kontakte sichtbar, die sich im Adressbuch (in der Kontakte-App) Ihres Smartphones befinden.

So erstellen Sie Ihren Status:

1. Öffnen Sie durch Antippen das Fenster **STATUS** ❶.

2. Tippen Sie nun entweder auf das Symbol ⟳ ❷ im Aktionsbalken oder auf das Symbol ⟳ ❸ im Fenster.

3. Es öffnet sich die Kamera-App Ihres Smartphones. Mithilfe des Auslöseknopfes ❹ können Sie nun ein Foto oder Video aufnehmen.

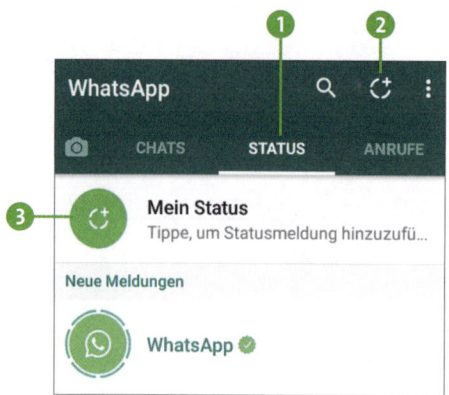

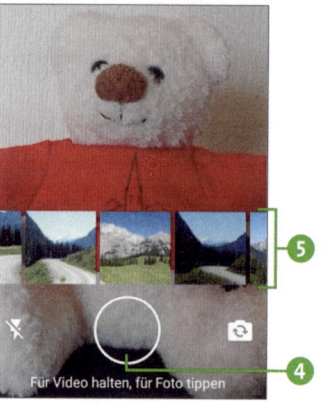

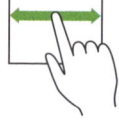

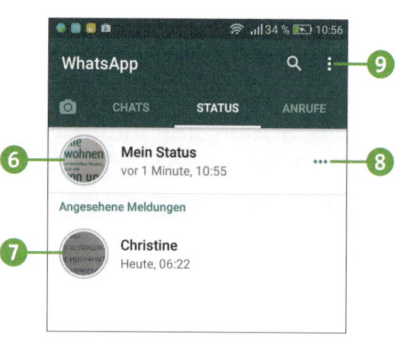

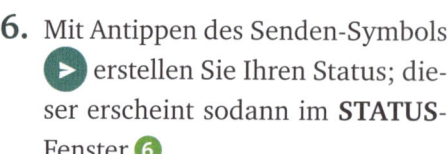

Für Video halten, für Foto tippen

4. Alternativ können Sie auch ein auf dem Smartphone gespeichertes Foto, Video oder GIF auswählen. Befinden sich bereits sehr viele solcher Mediendateien auf Ihrem Smartphone, wischen Sie durch die Liste der auf Ihrem Bildschirm angezeigten Vorschaubilder **5**. Handelt es sich bei der angezeigten Datei um ein Video bzw. GIF, so erkennen Sie dies an einem Kamera- ◼️ bzw. GIF-Symbol `GIF` in einer Ecke des Vorschaubildes.

5. Ihre Mediendatei können Sie nun noch etwas aufhübschen. Wie das geht, erfahren Sie, wie gesagt, im Abschnitt »Bilder, Videos und GIFs versenden« ab Seite 38.

6. Mit Antippen des Senden-Symbols ▶ erstellen Sie Ihren Status; dieser erscheint sodann im **STATUS**-Fenster **6**.

Unter **Neue Meldungen** bzw. (wenn Sie die Meldung bereits aufgerufen haben) **Angesehene Meldungen** werden Ihnen diejenigen Kontakte angezeigt, die ebenfalls einen Status erstellt haben **7**. Tippen Sie darauf, können Sie sich deren Status näher anschauen, also etwa ein Bild betrachten oder ein Video abspielen. Wenn Sie zu dem Status einen Kommentar abgeben wollen, tippen Sie auf **ANTWORTEN**; es erscheint ein Eingabefeld, in das Sie über die Bildschirmtastatur Ihren Kommentar eingeben können (Näheres zur Bedienung der Bildschirmtastatur erfahren Sie in Kapitel 3, »Los geht's: Chatten mit Text, Sprache, Bildern«, ab Seite 25). Dass einer Ihrer Kontakte eine neue Statusmeldung abgegeben hat, erkennen Sie übrigens an einem Punkt gleich neben dem Fensternamen **STATUS**.

Ihre Statusmeldung verschwindet nach 24 Stunden wieder automatisch. Ein dauerhaftes Speichern ist nicht möglich. Vor Ablauf der Frist ist aber das manuelle Löschen des Status möglich:

1. Öffnen Sie das **STATUS**-Fenster.

2. Tippen Sie auf die drei waagerechten Punkte rechts neben Ihrem Status (siehe ❽ auf Seite 20).

3. Drücken Sie nun etwas länger auf Ihren Status.

4. Tippen Sie auf das am oberen Rand erscheinende Mülleimer-Symbol, und bestätigen Sie mit **LÖSCHEN**.

Sie können auch bestimmen, welcher Ihrer Kontakte Ihren Status sehen darf. Im **STATUS**-Fenster tippen Sie oben rechts auf ⁝ (❾ auf Seite 20) und anschließend auf **Status-Datenschutz**. Treffen Sie hier Ihre Auswahl durch Antippen.

Möchten Sie sich die Statusmeldungen von bestimmten Kontakten nicht mehr anzeigen lassen, können Sie diese stummschalten.

1. Öffnen Sie das **STATUS**-Fenster.

2. Drücken Sie etwas länger auf den betreffenden Kontakt.

3. Tippen Sie auf **STUMM**. Der Kontakt erscheint nun in der Liste **STUMM**.

4. Die Stummschaltung können Sie auch wieder aufheben. Drücken Sie länger auf den Kontakt, und tippen Sie auf **STUMM AUS**.

Alles eine Frage der Einstellungen

Wie nahezu jede App weist auch WhatsApp ein Menü auf, in dem Einstellungen vorgenommen bzw. geändert und Informationen abgefragt werden können. Zum Öffnen dieses Menüs tippen Sie im Aktionsbalken rechts auf die drei übereinander angeordneten Punkte ⋮. Das aufgerufene Menü ist *kontextbezogen*, d. h., je nachdem, in welchem WhatsApp-Fenster Sie sich gerade befinden, bietet Ihnen das Menü unterschiedliche Einstellungsmöglichkeiten sowie Informationen.

Weist WhatsApp auf Ihrem Smartphone das Menü-Symbol nicht auf, ziehen Sie die FAQ-Seite von WhatsApp im Internet zurate: *https:// www.whatsapp.com/faq*.

Öffnen Sie nach Antippen von ⋮ den Menüpunkt **Einstellungen**. Viele der Einstellungsmöglichkeiten hier sind selbsterklärend, viele spielen erst im Verlauf dieses Buches, im jeweiligen praktischen Zusammenhang, eine Rolle. Wenn Sie schon jetzt neugierig darauf geworden sind, was sich alles in dem Menü **Einstellungen** verbirgt, können Sie mit uns im Folgenden einen Blick in einige der Untermenüs werfen:

- Tippen Sie auf Ihren Namen, können Sie im sich daraufhin öffnenden Fenster Ihre Profileinstellungen, so wie im Abschnitt »Jetzt bin ich dabei« ab Seite 12 beschrieben, vornehmen bzw. ändern.

- Unter Ihrem Namen können Sie auch gleich Ihre Mobiltelefonnummer ablesen, sollten Sie diese benötigen und wie die meisten von uns nicht auswendig kennen.

- Tippen Sie auf **Account ▸ Datenschutz**. Hier stellen Sie ein, welche Informationen Sie über sich nach außen hin preisgeben. Unter **Zuletzt online** legen Sie fest, wer sehen darf, ob Sie WhatsApp gerade benutzen (ob Sie also *online* sind) oder wann Sie WhatsApp zuletzt benutzt haben. Hinweis: Entscheiden Sie sich für **Niemand**, so können Sie wiederum auch nicht sehen, ob Ihre Chatpartner online sind bzw. wann diese zuletzt online waren.

- Ebenso können Sie im Menü **Datenschutz** unter **Profilbild** und **Status** festlegen, wer Ihr Profilbild bzw. Ihren Status sehen darf.

- Gleichfalls unter dem Menüpunkt **Datenschutz** können Sie Kontakte, von denen Sie keine WhatsApp-Nachricht mehr erhalten wollen, durch Antippen auswählen und blockieren. **Blockierte Kontakte** können Ihnen weder Nachrichten (Chats) schicken noch Sie über WhatsApp anrufen. Haben Sie einen Kontakt blockiert, lässt sich das in diesem Menüpunkt auch wieder rückgängig machen.

- **Lesebestätigungen** lassen sich hier durch Setzen bzw. Entfernen des Häkchens per Fingertipp aus- und wieder einschalten. Mehr zu den Lesebestätigungen erfahren Sie im Abschnitt »Eine Chatnachricht schreiben, aufpeppen und versenden« auf Seite 29.

Tippen Sie auf **Einstellungen ▸ Benachrichtigungen,** können Sie einstellen, wie Sie bei Einzelchats (**Benachrichtigungen**), Gruppenchats (**Gruppenbenachrichtigungen**) sowie Anrufen (**Anrufbenachrichtigungen**) benachrichtigt werden wollen.

Da die Einstellungsliste länger ist als Ihr Display, gelangen Sie durch Wischen nach oben weiter nach unten.

Individuell lassen sich festlegen:

- der Benachrichtigungston und die Vibrationsdauer

- ob Pop-up-Benachrichtigungen in der Mitte des Bildschirms angezeigt werden sollen, auf die Sie hier direkt antworten können.

- die Farbe des LED-Benachrichtigungs-Lichts

LED-Benachrichtigungsanzeige

Die meisten neueren Android-Smartphones haben an der linken oder rechten oberen Gehäuseecke eine LED eingebaut, die durch Blinken darauf hinweist, ob Sie z. B. einen Anruf, eine SMS oder eine E-Mail erhalten haben – oder eben eine WhatsApp-Nachricht.

Einem bestimmten Chatpartner oder einer bestimmten Chatgruppe können Sie auch individuelle Benachrichtigungen zuweisen.

1. Öffnen Sie das Fenster **CHATS** mit allen Ihren Einzel- sowie Gruppenchats (was das genau ist, erfahren Sie in Kapitel 5, »Alles zu Gruppenchats und Broadcasts«, ab Seite 67).

2. Tippen Sie in der Liste auf das Bild des Chatpartners bzw. der Gruppe oder (sofern keines vorhanden ist) auf den Platzhalter.

3. Tippen Sie im dann sichtbaren Fenster auf das Info-Symbol ⓘ.

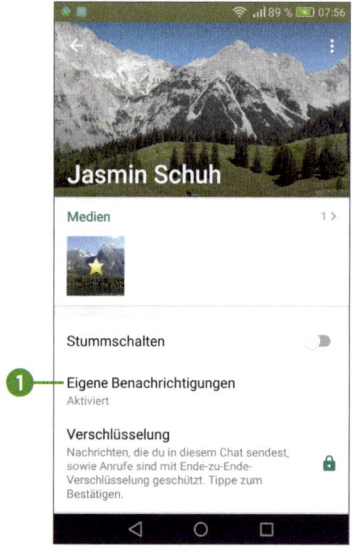
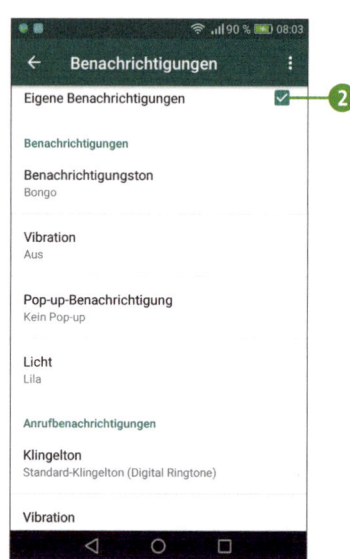

4. Wählen Sie durch Antippen **Eigene Benachrichtigungen** ❶.

5. Setzen Sie im sich nun öffnenden Bildschirm durch Antippen ein Häkchen in das Kästchen rechts oben ❷. Nun können Sie diesem Chat individuelle Benachrichtigungen zuweisen.

Weitere Möglichkeiten, in WhatsApp sinnvolle Einstellungen vorzunehmen, lernen Sie, wie gesagt, im Laufe dieses Buches noch nach und nach kennen.

KAPITEL 3

Los geht's: Chatten mit Text, Sprache, Bildern

Um einen Chat mit einer anderen Person zu beginnen, müssen neben einer aktiven Internetverbindung folgende Voraussetzungen gegeben sein:

1. Die mobile Telefonnummer Ihres potenziellen Chatpartners muss in der Kontakte-App (dem Adressbuch) Ihres Smartphones gespeichert sein.
2. Der Kontakt nutzt bereits WhatsApp.

Was bedeutet eigentlich Chatten?

Chatten kommt aus dem Englischen und bedeutet so viel wie *plaudern*, *sich unterhalten*. In WhatsApp bedeutet Chatten den Austausch von Text, Bildern, Videos und anderen Informationen in Echtzeit.

Grundlagen zur Bedienung der Tastatur

Unabhängig davon, ob Sie ein Android-Smartphone, Windows Phone oder iPhone benutzen – zum Chatten ist die Tastatur Ihres Gerätes Dreh- und Angelpunkt. Diese sieht auf den verschiedenen Geräten allerdings unterschiedlich aus. Dennoch sind viele Grundelemente gleich.

Die Tastatur wird immer dann auf dem Bildschirm eingeblendet, wenn Sie in ein Eingabefeld ❶ tippen. Bereits nach der Eingabe weniger Buchstaben erhalten Sie Wortvorschläge ❷, die Sie durch Antippen übernehmen können. Möchten Sie ein Wort mit einem Großbuchstaben beginnen, tippen Sie auf die Hochtaste ❸. Möchten Sie diese

arretieren, um mehrere Großbuchstaben direkt hintereinander eingeben zu können, halten Sie diese länger gedrückt oder tippen zweimal
schnell hintereinander darauf (je
nach verwendetem Smartphone).
Ein nochmaliges Antippen der Hochtaste sorgt dafür, dass Sie wieder
klein weiterschreiben können.

Mit der Taste **?123** im abgebildeten
Beispiel ❹ wechseln Sie zu weiteren Bildschirmen Ihrer Tastatur, die
Zahlen bzw. Sonderzeichen enthal-
ten. Zum Eingeben von Umlauten,
z. B. ä, drücken Sie auf den Buchstaben a. Sie bekommen nun eine
Auswahl darüber angezeigt. Ziehen
Sie Ihren Finger auf den gewünschten Buchstaben ❺, so wird er in das
Eingabefeld übernommen.

Info: Tippen und Drücken

Tippen bzw. *Antippen* und *Drücken* sind Begriffe, die
Sie in diesem Buch noch öfters lesen werden. Mit *tippen
Sie, öffnen Sie* oder *wählen Sie* ist das kurze Berühren
z. B. eines Buchstabens der Tastatur oder eines Menüs
gemeint. Mit *drücken Sie* oder auch *halten Sie gedrückt*
werden Sie dazu aufgefordert, eine bestimmte Stelle
auf Ihrem Display länger (ca. eine Sekunde) mit dem
Finger zu berühren. Je nachdem, ob Sie *tippen* oder
drücken, »passiert« auf dem berührungssensitiven
Smartphone-Bildschirm (*Touchscreen*) unterschiedliche
Dinge.

Eine Chatnachricht schreiben, aufpeppen und versenden

Endlich kommt der Augenblick, auf den Sie bestimmt schon lange gewartet haben – Ihr erster Chat.

1. Öffnen Sie WhatsApp durch Antippen des WhatsApp-Symbols auf Ihrem Bildschirm 🟢 . Falls Sie noch keinen Chat geführt haben, öffnet sich das **CHATS**-Fenster mit einem Hinweis ❶ .

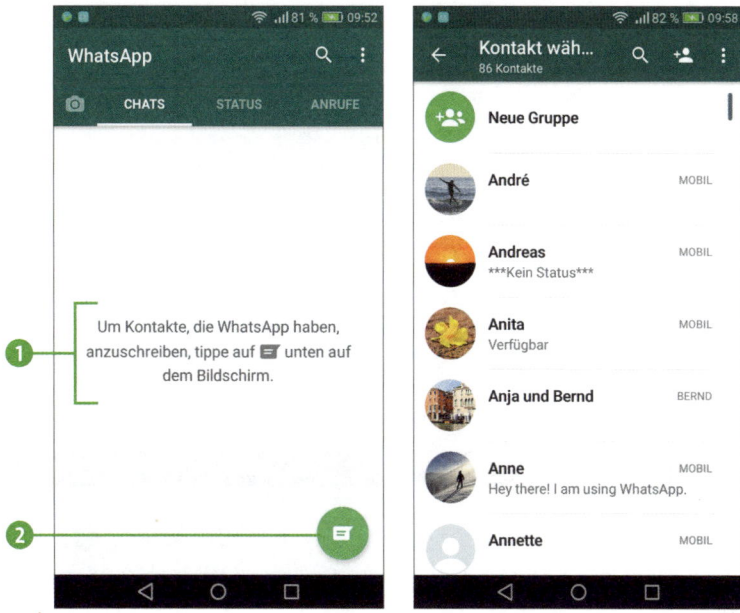

2. Tippen Sie zum Öffnen Ihrer WhatsApp-Kontakte auf das Kontakte-Symbol 🟢 ❷ .

3. Mit einem Wischen des Fingers von unten nach oben (und umgekehrt) *scrollen* Sie in der erscheinenden Liste. Wählen Sie den gewünschten Kontakt mit einem Fingertipp aus.

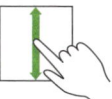

4. Es öffnet sich ein neuer Bildschirm. Im oberen Bereich sehen Sie den Namen Ihres Chatpartners ❶ und ob er gerade online ist bzw. wann er zuletzt online war ❷.

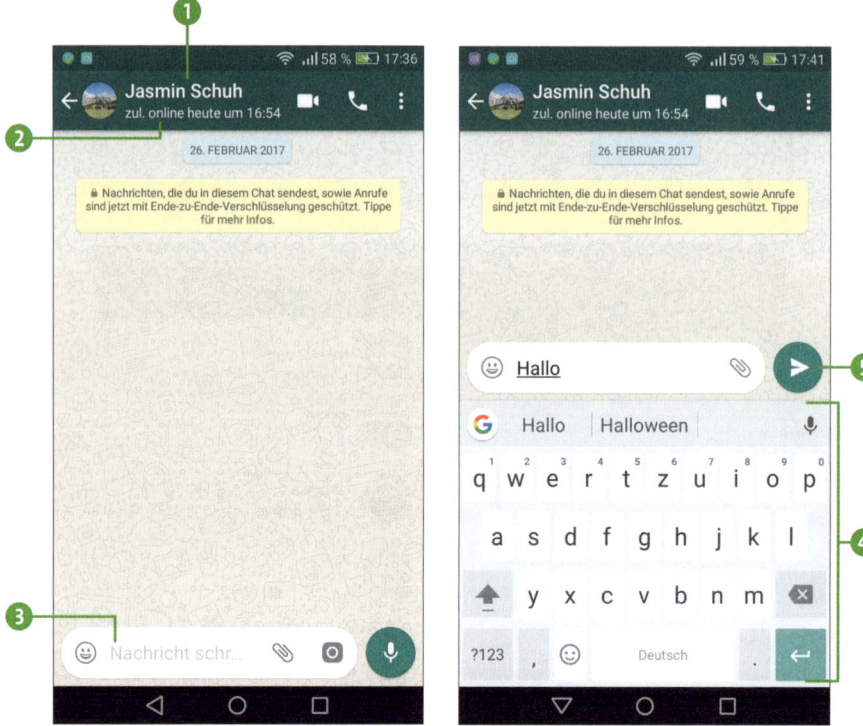

5. Tippen Sie unten auf das Eingabefeld **Nachricht schr...** ❸, und geben Sie Ihren Text mittels der sich öffnenden Bildschirmtastatur ein ❹.

6. Nach der Texteingabe drücken Sie auf die Senden-Schaltfläche ▶ ❺. Diese wird sichtbar, nachdem Sie den ersten Buchstaben eingegeben haben.

Der erste Chat ist gesendet – Gratulation. Das haben Sie sich auch nach den ersten Theorieeinheiten redlich verdient. Den Chat, den Sie gerade eben gesendet haben, finden Sie nun grün hinterlegt und mit der Sendezeit versehen direkt über dem Eingabefeld ❻.

Hinter Ihrer Chatnachricht sehen Sie nun zunächst ein kleines graues Häkchen. Das ändert sich aber noch. Das bzw. die Häkchen, die Sie hier anschließend zu Gesicht bekommen, geben Ihnen Auskunft darüber, was mit Ihrer Nachricht geschehen ist:

✓ Die Nachricht wurde erfolgreich gesendet.

✓✓ Die Nachricht wurde erfolgreich auf das Telefon des Empfängers zugestellt.

✓✓ Die Nachricht wurde beim Empfänger in WhatsApp angezeigt.

Die zweite Nachricht peppen wir jetzt auf – und zwar mit Emojis.

Emojis

Ein *Emoji* (japanisch für Bildschriftzeichen) ist ein sog. Ideogramm, das verwendet wird, um Emotionen, aber auch allgemeine Zustände und Tätigkeiten darzustellen und auszudrücken. Auf gut Deutsch: Wenn Sie traurig sind und dies in einem Chat jemand anderem mitteilen, werden Sie Ihrem Text kaum ein lachendes Emoji 😀 hinzufügen, sondern eher ein trauriges 😢. Ein Emoji kann auch Text ersetzen. Möchte man seinem Chatpartner gegenüber zum Ausdruck bringen, dass man mit seinem Vorschlag einverstanden ist oder dass man etwas toll findet, steht dafür z. B. das Daumen-hoch-Emoji 👍 zur Verfügung. Das spart viel Text, und jeder weiß, was gemeint ist.

So gestalten Sie Ihren Text mit Emojis.

1. Im linken Bereich des Eingabefeldes sehen Sie das Emoji-Symbol ❶.

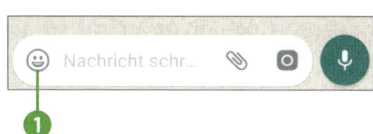

2. Tippen Sie dieses an, stehen Ihnen Emojis in verschiedenen Kategorien ❷ zur Verfügung. Diese Kategorien öffnen Sie wiederum durch Antippen.

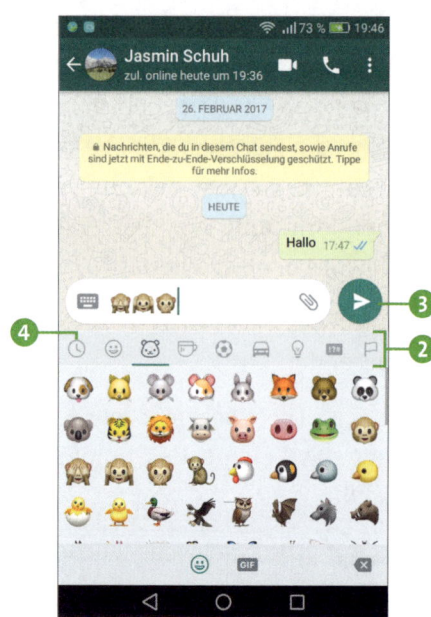

3. Wählen Sie eines oder mehrere der nun sichtbaren Emojis aus, und fügen Sie diese Ihrem Text hinzu.

4. Sind Sie fertig, betätigen Sie die Zurück-Taste, um zusätzlich Text einzugeben.

5. Möchten Sie nur Emojis versenden, tippen Sie gleich auf die Senden-Schaltfläche ❸.

Die von Ihnen zuletzt versandten Emojis finden Sie, wenn Sie auf das Uhrensymbol 🕐 ❹ tippen.

Es gibt auch ganz besondere Emojis: Diese sind an der rechten unteren Ecke mit einem kleinen grauen Dreieck ❺ versehen.

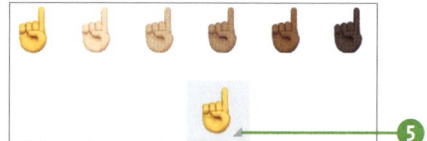

1. Drücken Sie etwas länger auf ein solches Emoji, so bekommen Sie dieses in verschiedenen Hautfarben angezeigt.

2. Wählen Sie Ihre Wunschemojis erneut durch Antippen aus.

3. Springen Sie sodann wieder zum Chat zurück (oder versenden Sie die Emojis ohne Text).

Und nun bekommt Ihr Text noch den letzten Schliff, indem wir ihn formatieren. Denn auch das ist in WhatsApp möglich.

Bereits während der Eingabe oder nachträglich können Sie einzelne oder mehrere Wörter kursiv oder fett schreiben bzw. durchstreichen. Kombinationen sind ebenso möglich.

Um Ihre Nachricht kursiv zu formatieren, fügen Sie einen Unterstrich auf beiden Seiten des Textes hinzu. Soll Ihr Text fett dargestellt werden, versehen Sie diesen entsprechend mit Sternchen. Ein Durchstreichen des Textes ist durch Hinzufügen einer Tilde auf beiden Seiten des Textes möglich.

Eingabe im Textfeld	Ergebnis
Hallihallo	*Hallihallo*
Hallihallo	**Hallihallo**
~Hallihallo~	~~Hallihallo~~
*~Und das Ganze kombiniert~*	~~***Und das Ganze kombiniert***~~

Der Sprachassistent – warum immer tippen, wenn's auch einfacher geht?

WhatsApp (genauer genommen das Betriebssystem Ihres Smartphones) bietet Ihnen die Möglichkeit der Texteingabe per Sprache. Dies nennt sich *Spracheingabe*. Möglich macht das der Sprachassistent, der das gesprochene Wort in geschriebenen Text umwandelt. Den Sprachassistenten können Sie natürlich nicht nur bei WhatsApp verwenden, sondern überall dort, wo Sie mittels Ihrer Tastatur Text eingeben möchten; z.B. auch beim Schreiben von SMS oder bei der Suche im Internet.

Eigenen Erfahrungen nach arbeitet die Spracherkennung exakter, wenn das Smartphone während der Verwendung des Sprachassistenten mit dem Internet verbunden ist. Aber da Sie ja einen Whats-App-Chat versenden wollen, ist das ohnedies der Fall.

Im Folgenden erklären wir die Verwendung des Sprachassistenten mit einem Android-Smartphone und der Tastatur *Gboard* von Google:

1. Tippen Sie auf das WhatsApp-Eingabefeld – Ihre Tastatur öffnet sich.

2. Tippen Sie auf das Mikrofon-Symbol 🎤 Ihrer Tastatur.

3. Der Sprachassistent wird aktiv. Das zuvor grau hinterlegte Mikrofon ist nun grün ❶ hinterlegt, und Sie werden mittels eines Tones und der Displayanzeige **Jetzt sprechen** ❷ zur Spracheingabe aufgefordert.

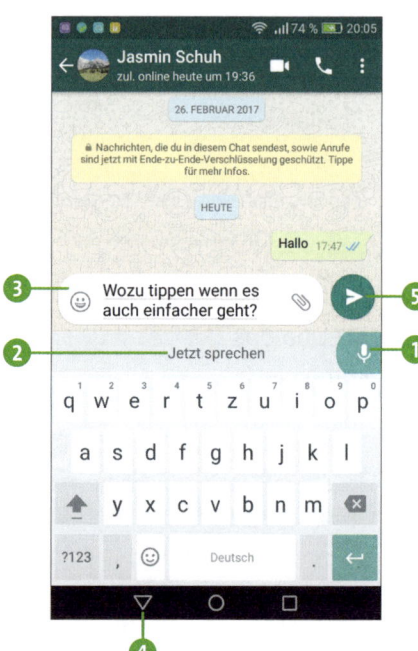

4. Sprechen Sie langsam und deutlich. Nach und nach erkennt der Sprachassistent Ihr gesprochenes Wort und setzt dieses in Text um. Den Text können Sie nun im Eingabefeld ❸ lesen.

   Auch das Setzen von Satzzeichen wie Punkt, Komma oder Fragezeichen ist mittels Spracheingabe möglich. Sprechen Sie bitte die Wörter für diese Satzzeichen recht zügig hinter dem zuletzt gesprochenen Wort aus. So stellen Sie sicher, dass auch tatsächlich das Satzzeichen gesetzt und es nicht als Wort ausgeschrieben wird.

5. Ihr angezeigter Text lässt sich vor dem Versenden noch manuell korrigieren und selbstverständlich auch mit Emojis versehen. Dazu tippen Sie auf die entsprechende Textstelle im Eingabefeld

und nehmen die Korrekturen über die sich öffnende Tastatur vor. Direkte Textformatierungen und Textkorrekturen sind mittels der Spracheingabe nicht möglich.

6. Wenn Sie mit Sprechen aufhören, schaltet sich der Sprachassistent nach ca. drei bis fünf Sekunden von selbst ab.

7. Sind Sie fertig, schließen Sie die Tastatur durch Antippen von ❹, und versenden Sie Ihren Chat durch Antippen von ➤ ❺.

Antworten erhalten, weiterleiten, kopieren und löschen

Nachdem Sie nun nach und nach die ersten Chats an Ihre Kontakte gesendet haben, werden die Antworten nicht lange auf sich warten lassen.

Im Abschnitt »Alles eine Frage der Einstellungen« ab Seite 22 haben Sie bereits erfahren, wie Sie sich über eingehende Chats benachrichtigen lassen können. Wenn Sie hier nichts anderes eingestellt haben, werden Sie von Ihrem Smartphone durch ein akustisches Signal und eine Anzeige auf dem Display darüber informiert, dass Nachrichten eingetroffen sind.

So finden Sie zum einen am Whats-App-Symbol ❶ eine entsprechende Ziffer, zum anderen wird das Eintreffen einer Nachricht für ca. fünf Sekunden am oberen Bildschirmrand ❷ angezeigt.

1. Tippen Sie zum Öffnen des Chats auf das WhatsApp-Symbol. Im nun geöffneten **CHATS**-Fenster sehen Sie gleich oben, wer Ihnen einen ❸ neuen bzw. mehrere Chats zugesandt hat.

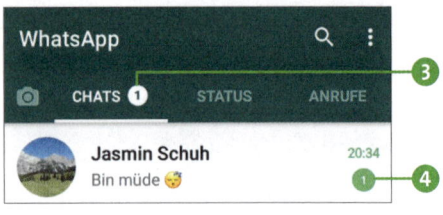

2. Um dem Chatpartner zu antworten, tippen Sie auf den Chat bzw. den Kontaktnamen ❹.

3. Der Chat mit diesem Kontakt öffnet sich. Hier tippen Sie genauso wie beim Verfassen Ihres ersten eigenen Chats unterhalb der Nachricht in das Eingabefeld, geben dort Ihren Text über die Tastatur oder auch mithilfe des Sprachassistenten ein, peppen Ihre Nachricht ggf. mit Emojis auf und versenden sie schließlich.

Elemente markieren und Markierung aufheben

Diese Funktion wird Ihnen in WhatsApp noch öfters begegnen. Möchten Sie **ein** Element (einen Text, ein Bild, Dokument, einen Chatkontakt etc.) markieren, so drücken Sie etwas länger darauf. Es wird blau hinterlegt. Möchten Sie **mehrere** Elemente markieren, so drücken Sie länger auf das erste zu markierende Element und markieren alle weiteren Elemente jeweils durch kurzes Antippen, sodass auch diese blau hinterlegt sind. Markierungen heben Sie wieder auf, indem Sie das entsprechende Element nochmals kurz antippen.

Den Chat eines bestimmten Absenders können Sie aber nicht nur, wie soeben beschrieben, beantworten, sie können diesen auch an einen anderen oder auch an mehrere Ihrer WhatsApp-Kontakte weiterleiten.

Dazu gehen Sie folgendermaßen vor:

1. Markieren Sie eine oder auch mehrere Textnachrichten innerhalb eines Chats ❶.

Mit dem Markieren der ersten Nachricht tritt der Aktionsbalken am oberen Bildschirmrand in Erscheinung.

2. Tippen Sie hier auf das Weiterleiten-Symbol ❷.

3. Es öffnet sich der Bildschirm **Weiterleiten an…**. Ihre WhatsApp-Kontakte werden hier unter **Häufig kontaktiert**, **Letzte Chats** und **Andere Kontakte** angezeigt.

4. Tippen Sie auf die WhatsApp-Kontakte, denen Sie eine oder mehrere Chatnachrichten weiterleiten wollen. Die auf diese Weise markierten Namen erhalten ein Häkchen ✔ ❸, und der ausgewählte Kontakt wird zusätzlich am unteren Bildschirmrand angezeigt ❹. Durch nochmaliges Antippen des Kontaktnamens heben Sie die Markierung wieder auf.

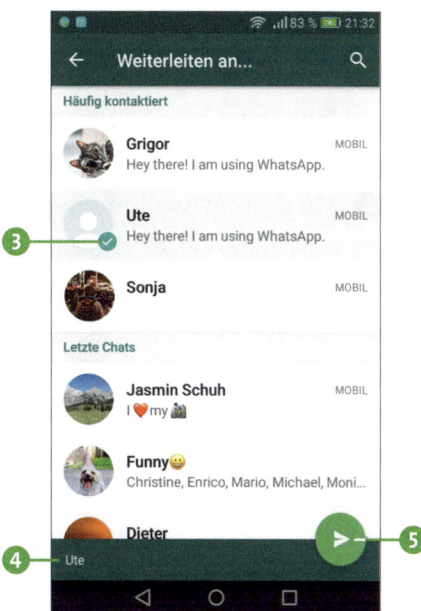

5. Möchten Sie die Nachricht doch nicht weiterleiten, können Sie den Vorgang einfach durch Antippen des Pfeil-Symbols oben links ← oder mithilfe der Zurück-Taste Ihres Smartphones abbrechen.

6. Um die Nachricht an den ausgewählten Kontakt weiterzuleiten, tippen Sie auf das Senden-Symbol (**5** auf Seite 35). Damit kehren Sie automatisch zum ursprünglichen Chat zurück.

Der Aktionsbalken, den Sie soeben kennengelernt haben, bietet Ihnen noch weitere Möglichkeiten außer der Weiterleitung:

1 Dient dem Kopieren eines zuvor markierten Textes (er landet im Zwischenspeicher des Smartphones). Um den kopierten Text nun z. B. in einer SMS einzufügen, drücken Sie dort so lange auf das Eingabefeld (ca. ein bis zwei Sekunden), bis das Symbol **Einfügen** erscheint. Tippen Sie dieses an, und der Text wird an der neuen Stelle hineinkopiert.

2 Damit löschen Sie einen markierten Text aus Ihrem Chat.

3 Mit dem Stern-Symbol kennzeichnen Sie einen markierten Text. Mehr zu dieser Funktion erfahren Sie im Abschnitt »Mit den Sternen Wichtiges bewahren« ab Seite 82.

4 Mit diesem Symbol senden Sie zusammen mit Ihrer Antwort eine zuvor markierte Textnachricht Ihres Chatpartners, zitieren diese also (etwa weil der Chat schon eine Weile zurückliegt und Sie mit diesem Partner zwischenzeitlich schon mehrere Chats geführt haben).

5 Zeigt die Anzahl der von Ihnen markierten Elemente an.

6 Damit kehren Sie zu Ihrem Ausgangschat bzw. zum vorigen Bildschirm zurück.

Copy & Paste – Kopieren und Einfügen

Copy & Paste funktioniert nicht nur am Computer, sondern auch auf dem Smartphone und somit auch in WhatsApp. Zum Kopieren eines markierten Textes drücken Sie länger auf diesen und wählen dann entweder die auf dem Bildschirm erscheinende Funktion **Kopieren** oder **Ausschneiden**. Möchten Sie den kopierten Text sodann in ein Eingabefeld einfügen (z. B. in das Eingabefeld einer SMS-Nachricht), halten Sie das Eingabefeld länger gedrückt, bis das Symbol **EINFÜGEN** erscheint. Tippen Sie darauf, wird der zuvor kopierte Text eingefügt. Im Übrigen funktioniert dies nicht nur mit Text – auch andere Elemente wie Bilder, Videos und vieles mehr können kopiert und an geeigneter Stelle wieder eingefügt werden.

Dokumente und PDF-Dateien versenden

Sie können auch Word- oder Excel-Dokumente (etwa mit der Endung *.docx* bzw. *.xlsx*) sowie PDF-Dateien an Ihre Chatpartner versenden.

1. Öffnen Sie den Chatkontakt, und tippen Sie auf die Büroklammer 📎 ❶ im Eingabefeld.

2. Im sich nun öffnenden Bildschirm wählen Sie **Dokument** ❷.

3. WhatsApp sucht auf Ihrem Smartphone nach versendbaren Dokumenten und listet diese in einer Dokumentenauswahl ❸ auf.

4. Markieren Sie ein oder mehrere Dokumente zum Versenden (die Größe eines Dokumentes darf maximal 100 MByte betragen).

5. Tippen Sie auf **SENDEN** ❹, und bestätigen Sie die nun erscheinende Rückfrage ❺, bzw. brechen Sie die Aktion durch **ABBRECHEN** ❻ ab. In diesem Fall gelangen Sie wieder zur Dokumentenauswahl. Von dort aus geht es per Pfeil bzw. Zurück-Schaltfläche wieder zum Ausgangschat.

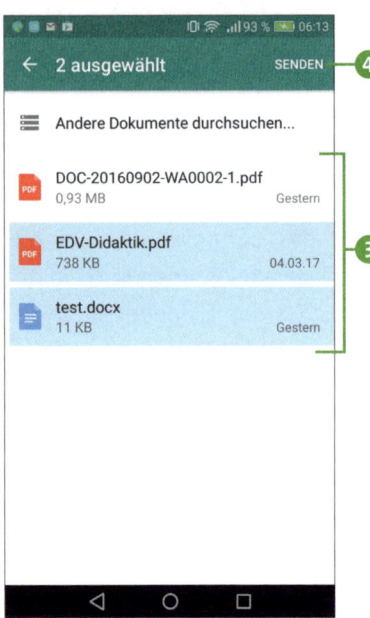

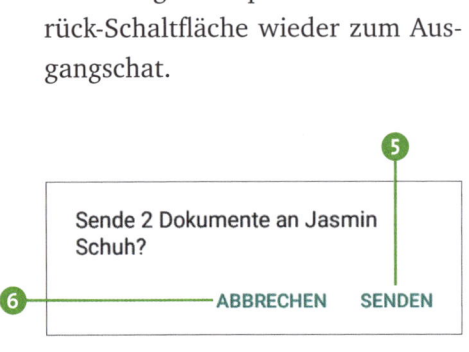

Bilder, Videos und GIFs versenden

Zunächst werden wir Ihnen zeigen, wie Sie in WhatsApp Fotos bzw. Videos aufnehmen und dabei gleich an einen oder mehrere Chatpartner versenden. Anschließend erfahren Sie, wie Sie bereits auf Ihrem Smartphone gespeicherte Bilder bzw. Videos übermitteln. In diesem Zusammenhang lernen Sie auch die sog. GIF-Dateien kennen.

So nehmen Sie ein Bild oder einen Videofilm zum sofortigen Versenden an einen Chatpartner auf:

1. Wählen Sie einen Chatkontakt durch Antippen aus.

2. Tippen Sie auf das Kamera-Symbol ⬤ ❶ rechts im Eingabefeld.

3. Es öffnet sich die Kamera-App des Smartphones. Entscheiden Sie sich nun, ob Sie ein Bild oder ein Video aufnehmen möchten. Unterhalb des Auslöseknopfes finden Sie den Hinweis **Für Video halten, für Foto tippen** ❷. (»Halten« bedeutet, dass Sie während der gesamten Filmaufnahme den Finger auf dem Auslöseknopf belassen müssen.) Auf Ihrem Smartphone finden Sie ggf. einen anderslautenden, aber entsprechenden Hinweis vor.

Durch Antippen des Blitz-Symbols ❸ links des Auslöseknopfes regeln Sie den Kamerablitz. Dieser kann durch ein- bzw. mehrmaliges Antippen permanent ⚡ oder automatisch ⚡A zugeschaltet bzw. ganz ausgeschaltet ⚡ werden.

Über das Symbol rechts ❹ stellen Sie ein, ob Sie das Bild oder den Film über Ihre Haupt- oder über die Frontkamera aufnehmen möchten. Voreingestellt ist die Hauptkamera – das ist diejenige, welche sich auf der Rückseite des Smartphones befindet. Die Hauptkamera ist bei den meisten Smartphone-Modellen die qualitativ bessere. Die Frontkamera verwendet man zumeist, um ein *Selfie* zu schießen.

4. Nun bietet Ihnen WhatsApp die Möglichkeit, die soeben gefertigte Aufnahme noch etwas aufzuhübschen. Verwenden Sie hierzu die am oberen Bildschirmrand angezeigte Werkzeugleiste.

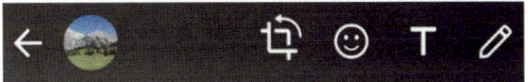

5. Tippen Sie auf das Stift-Symbol ❶, können Sie mittels Ihres Fingers in das Bild bzw. Video malen. Die Malfarbe kann an der am rechten Bildrand erscheinenden Farbskala ❷ ausgewählt werden. Nach dem Antippen des T-Symbols ❸ öffnet sich Ihre Tastatur, und Sie können das Bild bzw. Video beschriften; die Schriftfarbe ist ebenso wählbar.

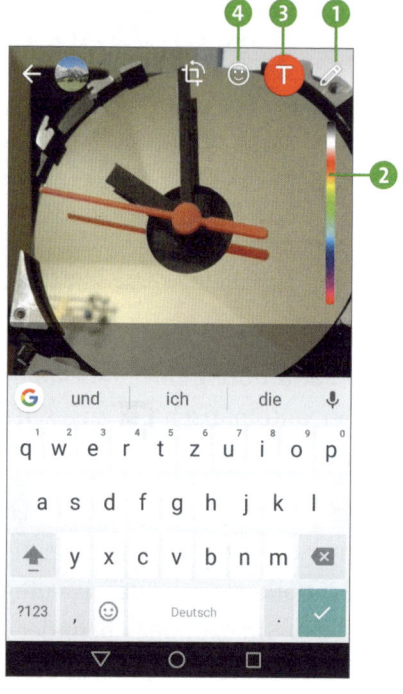

6. Durch Antippen von ❹ öffnet sich eine Auswahl mit verschiedenen Emojis, welche Sie Ihrem Foto bzw. Video ebenfalls hinzufügen können.

7. Die Emojis und der mittels Tastatur eingegebene Text können auf dem Bildschirm nachträglich verschoben und somit exakt platziert werden. Hierzu drücken Sie etwas länger auf das betreffende Objekt und ziehen es per Fingergeste an die gewünschte Stelle. Die eingefügten Emojis und der Text lassen sich sogar mittels Fingergeste vergrößern, verkleinern und drehen.

Mit dem Symbol ← **5** können Sie Ihre Aktionen schrittweise rückgängig machen.

8. Nach Tippen auf das Zuschnei-den-Symbol **6**, das Ihnen nur bei Bildern (und nicht bei Videos) zur Verfügung steht, öffnet sich ein Rahmen **7**. Halten Sie den Finger auf den Außenseiten oder Ecken des Rahmens gedrückt, und ziehen Sie diesen in die gewünschte Richtung, um die Größe des Bildausschnitts festzulegen. Möchten Sie den Rahmen als Ganzes auf dem Display verschieben, so halten Sie Ihren Finger in der Mitte des Rahmens gedrückt und verschieben diesen. Mit dem Symbol zum Drehen **8** wird der

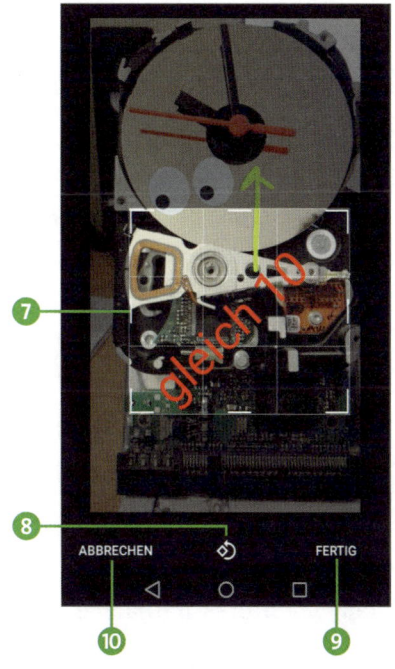

Ausschnitt schrittweise um 90° gedreht. Bestätigen Sie Ihre Bearbeitungsschritte durch Antippen von **FERTIG** **9**, oder tippen Sie auf **ABBRECHEN** **10**.

9. Mit einem Blick auf den Kreis am Bildschirmrand (**11** auf Seite 42), der das Profilbild Ihres Chatpartners zeigt, können Sie noch einmal überprüfen, an wen Sie das Bild bzw. Video **12** gerade zu senden beabsichtigen. Durch Tippen auf den Pfeil **13** brechen Sie alles ab und kehren zurück zur Kamera-App. Das Bild bzw. Video wird nicht gespeichert.

Haben Sie ein Video aufgenommen, können Sie es sich nochmals ansehen ⓮. Auch die Filmlänge wird Ihnen angezeigt ⓯.

1. Um Ihrem Bild oder Video eine Bildunterschrift (mitsamt Emojis) hinzuzufügen, tippen Sie auf **Beschriftung hinzufügen** ⓰ (siehe dazu auch die rechte Abbildung auf Seite 40, in der bereits eine Bildunterschrift hinzugefügt wurde).

2. Zum Versenden tippen Sie auf das Senden-Symbol ▶ ⓱. Das Bild bzw. der Videofilm wird an Ihren Chatpartner gesendet.

3. Mit dem Pfeil-Symbol ← oder der Zurück-Taste Ihres Smartphones haben Sie wie immer die Möglichkeit, den Vorgang abzubrechen.

So nehmen Sie ein Bild oder ein Video zum sofortigen Versenden an gleich mehrere Chatpartner auf:

1. Tippen Sie auf das Kamera-Symbol ❶ links neben dem **CHATS**-Fenster.

2. Es öffnet sich die Kamera-App Ihres Smartphones. Folgen Sie den ab Seite 39 gezeigten Schritten 3 bis 7.

3. Anstelle des Senden-Symbols (siehe 🔟 auf Seite 42) sehen Sie an derselben Stelle nun einen grün hinterlegten Haken ✅. Tippen Sie darauf, öffnet sich die Liste mit Ihren WhatsApp-Kontakten. Wählen Sie mehrere Kontakte aus, so wie im Kasten »Elemente markieren und Markierung aufheben« auf Seite 34 beschrieben.

4. Senden Sie schließlich Ihre Datei (das Foto oder Video) mithilfe der Schaltfläche ▶ an die ausgewählten Kontakte.

So versenden Sie eines oder mehrere Bilder, die sich bereits auf Ihrem Smartphone befinden:

1. Wählen Sie einen Chatkontakt durch Antippen aus.

2. Tippen Sie auf die Büroklammer 📎 im Eingabefeld ❶, und wählen Sie **Galerie** ❷.

3. Wählen Sie aus dem nun erscheinenden Bildschirm unter der Kategorie **FOTOS** eines oder mehrere Bilder aus. Diese befinden sich womöglich in Ordnern (im Beispiel auf Seite 43 sehen Sie die Ordner **Alle Fotos** ❸ und **WhatsApp Images** ❹). Öffnen Sie den gewünschten Ordner durch Antippen, und wählen Sie Ihre Fotos. Sollte die Liste der angezeigten Fotos länger als Ihr Bildschirm sein, scrollen Sie mit einer Wischgeste nach oben wie immer nach unten. In unserem Beispiel wurden vier Bilder ausgewählt, was Sie an den Häkchen ❺ erkennen.

4. Tippen Sie auf **OK** ❻, sodass die Fotos nun in WhatsApp übernommen werden.

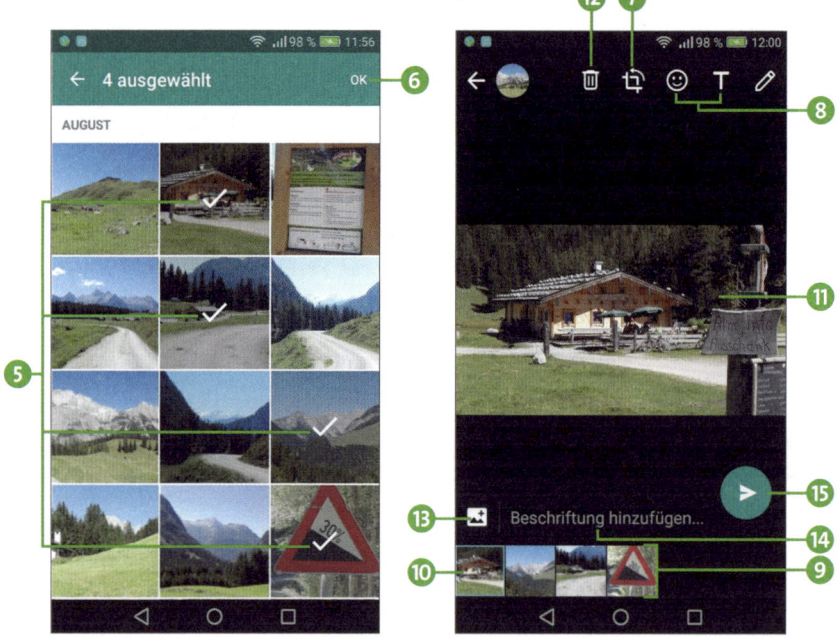

5. Mithilfe der Werkzeugleiste am oberen Bildschirmrand können Sie Ihre Bilder auch hier, wenn Sie dies möchten, auf einen bestimmten Ausschnitt zuschneiden oder in 90°-Schritten drehen ❼ und beispielsweise mit Emojis oder Text versehen ❽.

6. Am unteren Bildschirmrand sehen Sie die von Ihnen zuvor ausgewählten Bilder in der Auswahlansicht **9**. Wenn Sie dort ein Bild auswählen (erkennbar am blauen Rahmen) **10**, wird es auf dem Display darüber groß angezeigt **11** und kann nun von Ihnen mithilfe der Schaltflächen oben bearbeitet werden. Möchten Sie zu einem anderen Foto wechseln, tippen Sie dieses in der Auswahlsicht an. Das Antippen von 🗑 **12** löscht das umrahmte Bild aus Ihrer Auswahl. Durch Antippen von 🖼 **13** gelangen Sie erneut in Ihre Bildauswahl. Hier fügen Sie durch Antippen weitere Bilder hinzu bzw. wählen Bilder wieder ab.

7. Fügen Sie dem Foto, wenn Sie möchten, eine Beschriftung (Bildunterschrift) **14** und auch Emojis hinzu, wie Sie es bereits kennengelernt haben.

8. Versenden **15** Sie schließlich die Fotos an Ihren Chatkontakt, oder brechen Sie wie üblich durch ← oder die Zurück-Taste den Vorgang ab.

Auf diese Weise können Sie maximal 30 Fotos auf einmal versenden. Bei Videos ist der Versand aufgrund der Datenmenge auf nur eines begrenzt.

Und so versenden Sie ein Video, das sich bereits auf Ihrem Smartphone befindet:

1. Wählen Sie einen Chatkontakt durch Antippen aus.

2. Tippen Sie auf die Büroklammer 📎, und wählen Sie **Galerie**.

3. Wählen Sie aus **VIDEOS** ein Video aus. Dieses wird nun in WhatsApp übernommen.

4. Um das Video anzuschauen bzw. um es zu pausieren, tippen Sie auf die Bildschirmmitte (**1** auf Seite 46).

5. Über die Werkzeugleiste **2** können Sie Ihr Video, wie zuvor gelernt, bearbeiten.

6. Mittels Verschieben des linken ③ und des rechten Reglers ④ an den Rändern der Vorschau ist es möglich, das Video zu schneiden. Entsprechend wird sich die angezeigte Dateigröße ⑤ verkleinern und die Abspielzeit ⑥ verkürzen.

7. Auch hier können Sie eine **Beschriftung hinzufügen...** ⑦ und wie immer auch Emojis.

8. Zum Versenden tippen Sie auf die Senden-Schaltfläche ⑧ oder brechen über ← bzw. die Zurück-Taste den Vorgang ab. Sollte Ihr Video zu groß

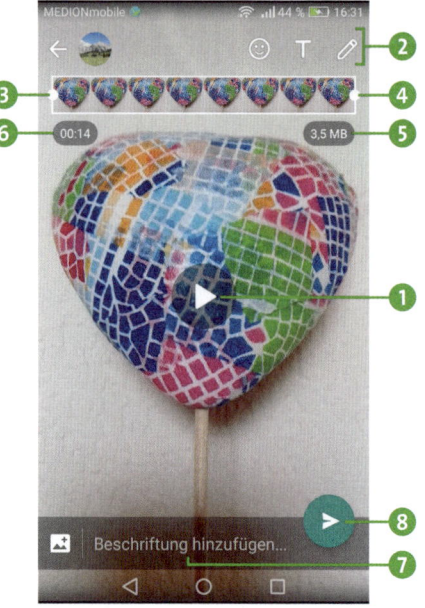

für den Versand sein, erscheint eine entsprechende Meldung auf Ihrem Bildschirm. Nutzen Sie in diesem Fall die Möglichkeit des Schneidens (siehe Schritt 6).

Info: GIF bzw. GIF-Animation

GIFs oder GIF-Animationen sind kurze, sich ständig in einer Endlosschleife wiederholende Videos. Wenn Sie sich unter einer solchen GIF-Datei nun gar nichts vorstellen können – auf *www.giphy.com* bekommen Sie einen Eindruck davon.

Im Folgenden zeigen wir Ihnen, wie Sie ein bereits vorhandenes GIF versenden, ein GIF aus einem Video erstellen und ein fertiges GIF aus einer Datenbank wählen.

So versenden Sie eine GIF-Animation, die sich bereits auf Ihrem Smartphone befindet:

1. Wählen Sie einen Chatkontakt durch Antippen aus.

2. Tippen Sie auf die Büroklammer ✎, und wählen Sie **Galerie**.

3. Wählen Sie aus **GIFS** eine GIF-Datei aus. Diese wird nun in Whats-App übernommen.

4. Wie beim Video (siehe die Schritte 4 bis 8 ab Seite 45) können Sie die GIF-Datei nun anschauen, schneiden, eine Beschriftung hinzu-fügen und schließlich versenden bzw. den Vorgang abbrechen.

So erstellen Sie eine GIF-Animation aus einem auf Ihrem Smartphone gespeicherten Video und versenden diese:

1. Verfahren Sie, wie in den Schritten 1 bis 4 ab Seite 45 zum Versen-den eines Videos beschrieben.

2. GIF-Animationen dürfen die maximale Abspiellänge von sieben Sekunden aufweisen. Falls nötig, schneiden Sie das Video mithilfe der Regler ❶, um es auf die entsprechende Länge zu kürzen.

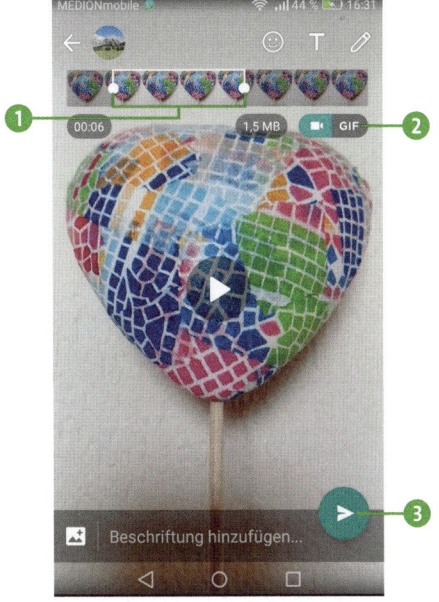

3. Sobald Sie Ihr Video auf maxi-mal sieben Sekunden Abspiel-zeit gekürzt haben, werden auf Ihrem Display ein kleines Ka-mera-Symbol ◼️ sowie der Schriftzug **GIF** ❷ eingeblendet. Dies bedeutet, dass Sie nun aus Ihrem Video eine GIF-Anima-tion erstellen können.

4. Tippen Sie auf das GIF-Symbol ◼️GIF, wird eine GIF-Animation er-stellt – diese spielt sich automatisch in einer Endlosschleife ab.

5. Versenden Sie Ihr GIF wie üblich über die Senden-Schaltfläche ❸.

Um vorgefertigte GIF-Animationen zu senden, ist mittels WhatsApp der direkte Zugriff auf die Datenbank von *www.giphy.com* möglich.

1. Öffnen Sie einen Chat, und tippen Sie auf das Emoji-Symbol links im Eingabefeld.

2. Tippen Sie auf GIF ❶.

3. Bei bestehender Internetverbindung stellt WhatsApp nun eine Verbindung zu *www.giphy.com* her, und es werden automatisch GIF-Animationen auf Ihrem Display abgespielt ❷. Scrollen Sie durch das Angebot, und wählen Sie dasjenige GIF durch Antippen aus, das Sie versenden möchten.

4. Fügen Sie ggf. noch eine Beschriftung hinzu ❸, und versenden Sie das GIF über die Senden-Schaltfläche ❹.

Fotos, Videos und GIFs, die sich auf Ihrem Smartphone befinden, können Sie übrigens auch nachträglich nach Ihrem Geschmack gestalten.

1. Tippen Sie dazu im **CHATS**-Fenster auf das Kamera-Symbol ❶.

2. Wählen Sie in der eingeblendeten Auswahlansicht das gewünschte Bild, Video oder GIF durch Antippen aus. Durch Wischen von links nach rechts und umgekehrt scrollen Sie durch die Auswahlansicht. Videos sind durch ein kleines Kamera-Symbol ❷ gekennzeichnet, GIFS durch das Icon GIF.

3. Die ausgewählte Datei ❸ wird auf Ihrem Bildschirm großflächig angezeigt.

4. Diese können Sie nun auf die Ihnen bekannte Weise bearbeiten und anschließend natürlich auch wieder an einen oder mehrere Chatkontakte versenden.

Voice Messaging – Sprachnachrichten aufnehmen und versenden

Die Alternative zum Textchat funktioniert so:

1. Wählen Sie einen Chatkontakt durch Antippen aus.

2. Drücken und halten Sie im Eingabefeld die Mikrofon-Schaltfläche ❶. Sprechen Sie nun Ihre Nachricht, oder nehmen Sie andere Geräusche auf. Bitte beachten Sie, dass die Aufnahme nur so lange läuft, wie Sie den Aufnahmeknopf gedrückt halten.

   Fangen Sie nicht sofort zu sprechen an, sondern warten Sie ca. eine Sekunde. Sonst besteht die Gefahr, dass der Anfang nicht mit aufgenommen wird.

3. Sind Sie mit Ihrer Aufnahme zufrieden, lassen Sie die Mikrofon-Schaltfläche los – Ihre Nachricht wird sofort versandt.

4. Möchten Sie doch keine Sprachnachricht senden, belassen Sie den Finger auf der Mikrofon-Schaltfläche und wischen gleichzeitig nach links ❷. Ihre Nachricht wird damit verworfen.

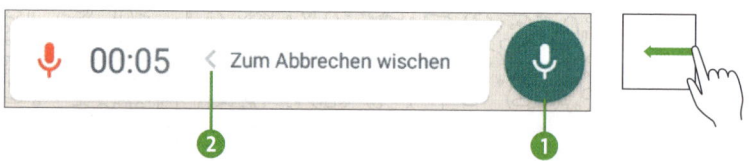

Wenn Sie es vorziehen, eine Sprachnachricht vor dem Versenden noch einmal anzuhören, folgen Sie dieser Anleitung:

1. Öffnen Sie einen Chatkontakt.

2. Tippen Sie auf die Büroklammer 📎 im Eingabefeld und dann auf **Audio**.

3. Wählen Sie **Aufnahme mit WhatsApp** (❶ auf Seite 51), und tippen Sie auf **Aufnehmen** ❷. Die zulässige Aufnahmedauer beträgt nach Erfahrungswerten rund 15 Minuten.

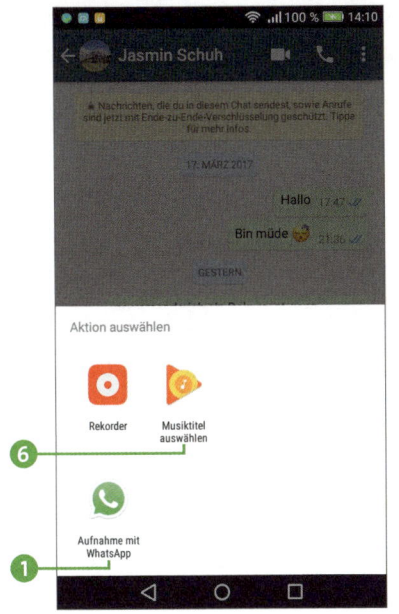

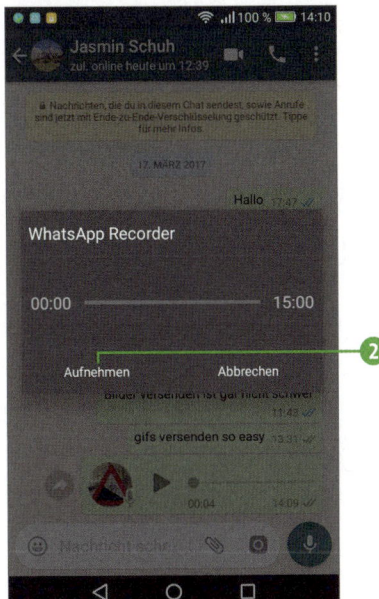

4. Hören Sie sich Ihre Aufnahme durch Antippen
der Abspielschaltfläche
❸ noch einmal an.

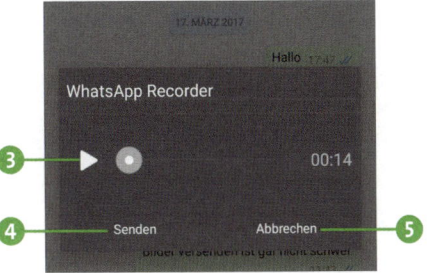

5. Entscheiden Sie sich für
Senden ❹ oder **Abbrechen** ❺.

Versenden von Audiodateien

Einzelne Audiodateien im *.mp3*-Format lassen sich folgendermaßen versenden:

1. Öffnen Sie einen Chatkontakt.

2. Tippen Sie auf die Büroklammer ✎ im Eingabefeld, dann auf **Audio** und zuletzt auf **Musiktitel auswählen** (siehe ❻ oben).

3. Wählen Sie aus der angezeigten Liste eine Audiodatei, und bestätigen Sie durch Tippen auf **OK** bzw. brechen mit ← oder der Zurück-Taste den Versand an Ihren Chatkontakt ab.

Auch das geht: Standorte, Kontakte und Links versenden

Eine sehr nützliche Funktion ist das Versenden des Standortes. Vor allem dann, wenn Sie sich mit jemandem treffen wollen und die Beschreibung des eigenen Standortes oder eines Treffpunktes ziemlich kompliziert ist.

1. Öffnen Sie einen Chatkontakt.

2. Tippen Sie auf 📎 ① im Eingabefeld, dann auf **Standort.** Idealerweise haben Sie das GPS-Modul Ihres Smartphones aktiviert. Möglicherweise müssen Sie, falls Sie danach gefragt werden, WhatsApp erlauben, auf Ihren Standort zuzugreifen ②.

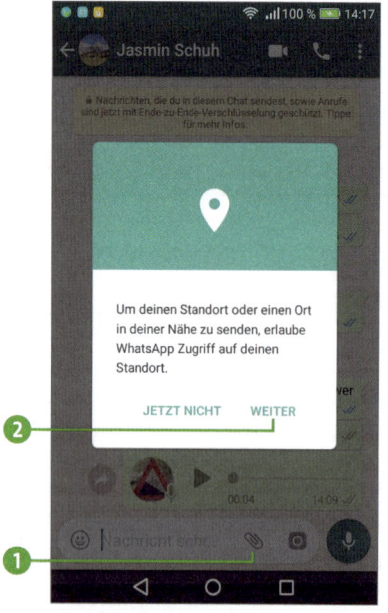
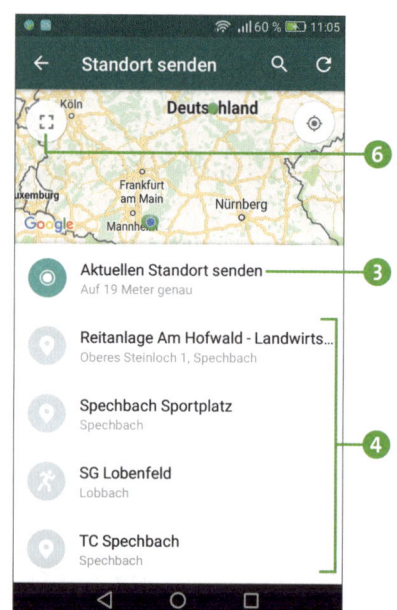

3. Senden Sie durch Antippen von **Aktuellen Standort senden** ❸ Ihren aktuellen Standort, oder wählen Sie einen durch die App vorgeschlagenen Ort in der Nähe ❹. Dies kann z. B. ein Restaurant, eine Freizeit- oder Sportanlage, ein öffentliches Gebäude oder Ähnliches sein. In der Liste der Vorschläge können Sie nach unten scrollen und sich Weiteres anzeigen lassen. Ihr eigener Standort wird Ihnen in der Karte angezeigt ❺. Vergrößern Sie den Kartenausschnitt durch die entsprechende Fingergeste.

Zur Vergrößerung des Kartenausschnitts tippen Sie alternativ auf ❻, und es verschwinden die angezeigten Vorschläge. Mittels Fingergeste können Sie den Maßstab der Karte nun zusätzlich vergrößern und so die Karte noch detailgenauer darstellen. Sollte sich hierbei Ihr Standort »verschieben«, tippen Sie auf ❼, und Sie sehen diesen wieder etwa in der Mitte des Kartenausschnitts.

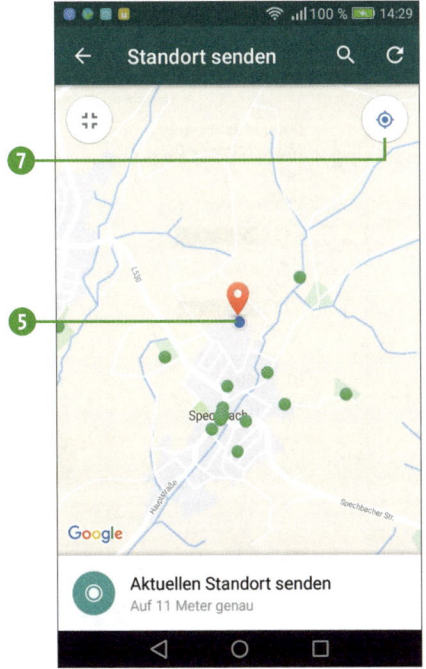

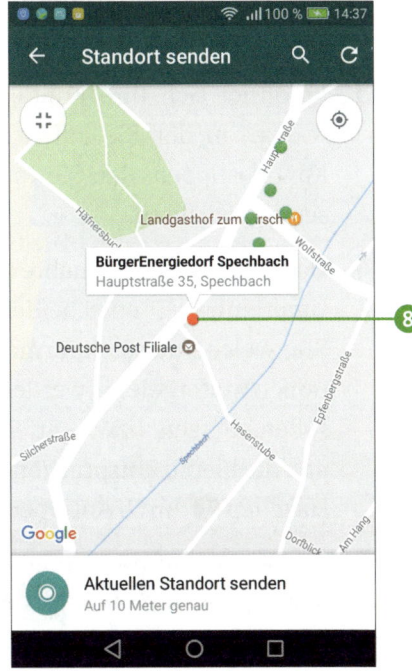

Sie können den Kartenausschnitt durch Drücken auf den Bildschirm und langsames Wischen verschieben und so die rote Markierung **8**, die Sie dabei auf der Karte sehen, auf jeder Stelle der Karte platzieren. Auf diese Weise legen Sie einen Standort manuell fest. Tippen Sie auf die rote Markierung und dann nochmals auf **Diesen Standort senden**.

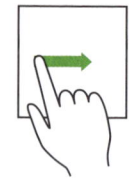

Die grünen Punkte markieren sog. POIs (*Points Of Interest* – Geoobjekte von Bedeutung). Tippen Sie diese an, so erhalten Sie nähere Informationen darüber. Durch Tippen auf diese Informationen wird der Standort ebenso sofort an Ihren Chatpartner gesandt.

Möchten Sie einen auf Ihrem Smartphone gespeicherten Kontakt an einen Chatpartner senden, so verfahren Sie wie folgt:

1. Öffnen Sie den Chatkontakt.

2. Tippen Sie auf ✎ im Eingabefeld und dann auf **Kontakt.**

3. Es öffnet sich Ihre Kontakte-App, in der Sie auf den Kontakt tippen, den Sie versenden möchten.

4. Hat der Kontakt mehrere Untereinträge, entscheiden Sie, welche dieser Informationen weitergeleitet werden sollen. Setzen bzw. entfernen Sie hierzu entsprechend Häkchen **1** durch Antippen.

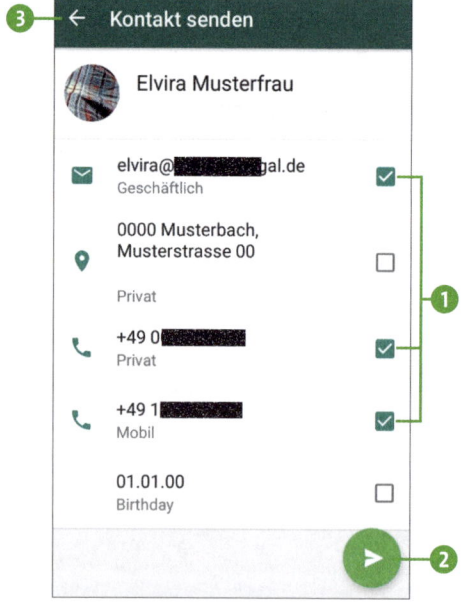

5. Tippen Sie auf die Senden-Schaltfläche **2**, oder brechen Sie den Vorgang mithilfe von ← **3** oder der Zurück-Taste Ihres Smartphones ab.

Haben Sie eine interessante Webadresse im Internet gefunden, können Sie auch diesen Link an Ihren Chatpartner senden.

1. Kopieren Sie die Webadresse z. B. aus Ihrem Internetbrowser (siehe hierzu auch den Kasten »Copy & Paste – Kopieren und Einfügen« auf Seite 37).

2. Öffnen Sie einen Chatkontakt, und fügen Sie die Adresse in das Eingabefeld ❶ ein.

3. Versenden Sie den Link ❷, oder brechen Sie den Vorgang z. B. mit der Zurück-Taste Ihres Smartphones ab.

Chats erhalten und weiterleiten

Nach und nach sammeln sich im Fenster **CHATS** immer mehr Chats an. Wenn Sie einen dieser Chats durch Tippen auf den Namen des Kontakts öffnen, wird Ihnen der Gesamtchat mit dieser Person angezeigt (also alles, was Sie versandt und auch erhalten haben). Nicht nur nach dem Empfang, auch im Nachhinein können Sie hier alles jederzeit erneut lesen, anhören oder anschauen. Textnachrichten lesen Sie direkt im Einzelchat, Bilder, Videos und Sprachnachrichten öffnen Sie durch Antippen. Erhalten Sie Dokumente oder PDF-Dateien, muss die geeignete Lese-App zum Öffnen dieser Dateien auf Ihrem Gerät vorhanden sein. Falls nicht, lässt sich diese über Ihre App-Bezugsquelle installieren.

WhatsApp arbeitet also mit den Apps auf Ihrem Smartphone eng zusammen. Wenn Sie den gesendeten Standort eines Chatpartners antippen, öffnet sich Ihre Navigations-App (auf Android-Geräten *Google*

Maps), durch Antippen eines erhaltenen Kontakts lässt sich dieser gleich in Ihrer eigenen Kontakte-App abspeichern. Und mit dem Antippen eines Links öffnen Sie Ihre Internetbrowser-App.

Wie Sie Textnachrichten weiterleiten, haben Sie im Abschnitt »Antworten erhalten, weiterleiten, kopieren und löschen« ab Seite 33 erfahren. Sie können aber auch alle anderen Chats weiterleiten:

Neben jedem Chat (außer bei den Textchats) bemerken Sie sicherlich ein Symbol, das Ihnen bekannt vorkommt (siehe Schritt 2 auf Seite 35). Durch jeweiliges Antippen der Weiterleiten-Schaltfläche ❶ leiten Sie diesen Einzelchat (im Beispiel eine Sprachnachricht sowie einen Standort) an einen oder mehrere Kontakte weiter. Möchten Sie gleich mehrere Chats weiterleiten, so markieren Sie mehrere Einzelchats und versenden diese durch Antippen der Weiterleiten-Schaltfläche ❷, die nun mit dem Aktionsbalken erscheint.

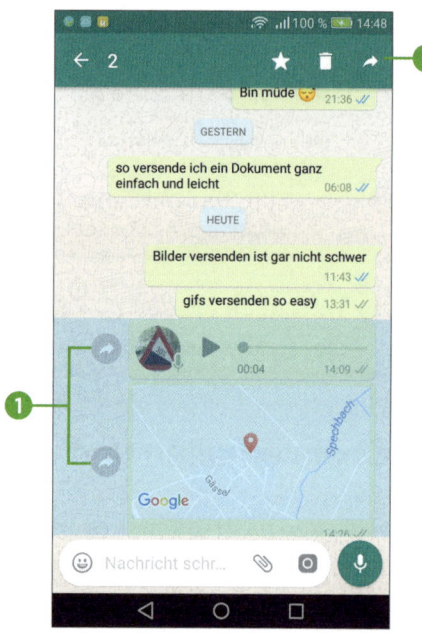

Es ist möglich, den Sendevorgang abzubrechen, jedoch nur, wenn Sie schnell genug sind. Während Texte, Links und Kontaktadressen zügig gesendet werden, benötigen z. B. Videos eine gewisse Sendezeit. Diese Sendezeit bekommen Sie mit dem Symbol ⊗ angezeigt. Drücken Sie auf das Symbol, noch bevor die Übertragung abgeschlossen ist, wird der Versand abgebrochen.

KAPITEL 4

Telefonieren mit WhatsApp

In WhatsApp können Sie ganz klassisch per Ton (Audio), aber auch per Bild (Video) telefonieren. Ein Sprachanruf (*Call*) und ein Videoanruf (*Video Call*) laufen im Prinzip gleich ab. Der Unterschied besteht darin, dass Sie während des Sprachanrufs lediglich das unbewegte Profilbild Ihres Gesprächspartners angezeigt bekommen. Beim Videoanruf wird automatisch die Kamera hinzugeschaltet, sodass jeweils ein Livebild der Gesprächspartner auf das andere Gerät übertragen wird. Von der Handhabung her macht es fast keinen Unterschied, ob Sie einen Sprachanruf oder einen Videoanruf tätigen oder entgegennehmen, die Möglichkeiten, die sich Ihnen dabei bieten, sind aber natürlich jeweils andere.

Voraussetzungen und Kosten beim Telefonieren über WhatsApp

Anrufe, ob nun per Stimme oder zusätzlich per Video, können nur geführt werden, wenn beide Partner online sind, d. h. bei einer aktiven Verbindung mit dem Internet – ob nun mobil oder per WLAN. Denn WhatsApp-Anrufe laufen über das sog. *Voice over IP (VoIP)*, welches man, frei übersetzt, mit *Internettelefonie* bezeichnen kann. Bitte beachten Sie, dass die Anruf-Funktion datenintensiv ist. Ein klassischer Sprachanruf schlägt mit bis zu 1,5 MByte pro Minute zu Buche, ein Videoanruf sogar mit ca. 3,5 MByte für dieselbe Zeit – abhängig vom verwendeten Smartphone-Modell und dem darauf installierten Betriebssystem. Wer für einen Anruf seinen mobilen Datentarif verwendet, allerdings nur ein geringes Datenvolumen zur Verfügung hat oder innerhalb seines Tarifes für jedes MByte extra bezahlen muss, sollte auf diese Funktion eher verzichten bzw. seinen Datenverbrauch genauestens im Auge behalten.

Sind Sie dagegen mit einem kostenfreien WLAN verbunden, so fallen keine Gebühren an. Kostenfrei deswegen, weil es auch WLANs gibt, für deren Nutzung man bezahlen muss – wir haben schon Betreiber von Ferienwohnungen gesehen, die sich hier einen lukrativen Nebenverdienst verschaffen und 0,25 € pro MByte abkassieren. Telefonieren Sie auf diese Weise zehn Minuten lang, sind Sie knapp 8 € los. Versenden Sie dann gleich noch ein paar Fotos oder Videos über dieses kostenpflichtige WLAN, kommen gleich noch ein paar Euro zusammen.

Roaming-Gebühren

Ein WhatsApp-Sprach- bzw. Videoanruf kann z. B. zur Vermeidung von Roaming-Gebühren durchaus lohnenswert sein, insbesondere dann, wenn man den Anruf über ein kostenfreies WLAN führt. Roaming-Gebühren fallen (derzeit noch) an, wenn Sie mit Ihrer inländischen SIM-Karte ein Mobilfunknetz im Ausland nutzen und Ihr Vertrag die dabei anfallenden Roaming-Gebühren nicht mit abdeckt. **Beachten Sie**: Nicht nur für den Anrufer werden Roaming-Gebühren fällig, sondern auch für den Angerufenen, sollte dieser sich im Netz eines anderen Betreibers befinden! Ebenso fallen Kosten für denjenigen Angerufenen an, der ein kostenpflichtiges WLAN benutzt.

Anruf-Einstellungen

Reduziere Datenverbrauch
Reduziert den Datenverbrauch während eines WhatsApp Anrufs

Im Menüpunkt **Einstellungen** lässt sich unter **Datennutzung** der **Reduzierte Datenverbrauch** mittels Setzen eines Häkchens einstellen. Wird auf diese Weise der Datenverbrauch reduziert, leidet die Sprach- und Übertragungsqualität dabei allerdings deutlich – es kommt zu Rauschen und Verzögerungen. Man kann sagen, je besser die Internetverbindung, desto weniger störanfällig und qualitativ hochwertiger ist ein WhatsApp-Anruf.

So rufen Sie einen Kontakt per Sprachanruf an

1. Beginnen Sie einen Chat mit einem im Fenster **CHATS** gelisteten Partner. Tippen Sie auf dessen Namen.

Befindet sich dieser Kontakt noch nicht im Fenster **CHATS**, suchen Sie die Person, die Sie anrufen möchten, in Ihren WhatsApp-Kontakten. Tippen Sie hierzu auf das Kontakte-Symbol ▣ ❶.

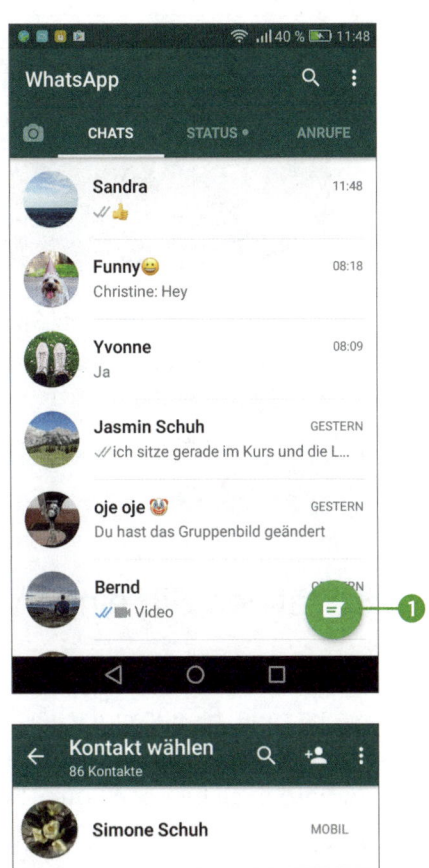

Wählen Sie die betreffende Person durch Antippen des Namens aus der nun erscheinenden Kontakte-Auswahl aus. Da die Liste Ihrer Kontakte vermutlich länger als das Display ist, gelangen Sie durch die übliche Wischbewegung weiter nach unten.

2. Über die Symbole im Aktionsbalken (siehe Seite 60) entscheiden Sie sich entweder für einen Sprachanruf ❷ oder einen Videoanruf ❸. Bestätigen Sie Ihre Wahl im erscheinenden Bildschirm durch Antippen von **ANRUF** ❹.

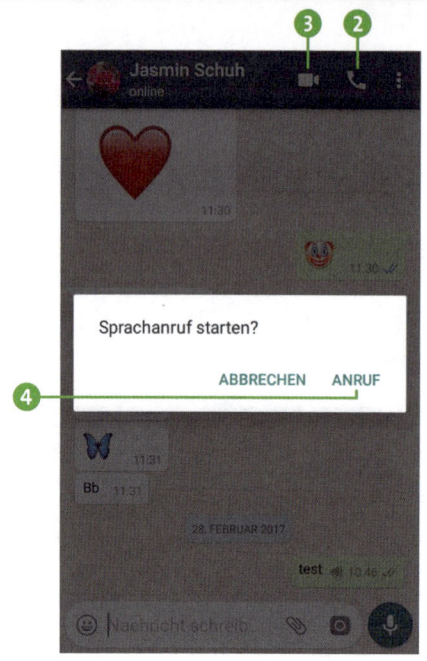

3. Während eines aktiven Sprachanrufs bekommen Sie den Namen des Gesprächspartners und darunter die Dauer des aktuellen Anrufs **5** angezeigt.

4. Um den Anruf zu beenden, tippen Sie auf die Auflegen-Schaltfläche **6**.

So tätigen Sie einen Videoanruf

1. Führen Sie die zum Sprachanruf soeben gezeigten Schritte 1 und 2 auf Seite 59 aus. Entscheiden Sie sich dieses Mal für einen **Videoanruf** (siehe **3** oben), indem Sie darauf tippen. Die Verbindung wird auch hier nach Ihrer Bestätigung sofort hergestellt.

2. Führen Sie nun Ihren Videoanruf. Hierbei sehen Sie Ihren Gesprächspartner im Livebild **1**.

3. Während der ersten Sekunden des Videoanrufs wird auf Ihrem Bildschirm die rote Auflegen-Schaltfläche ❷ angezeigt; diese verschwindet anschließend aber. Um das Gespräch dennoch von sich aus zu beenden, tippen Sie auf die Mitte des Bildschirmes. Die Auflegen-Schaltfläche erscheint wieder.

4. Tippen Sie zum Beenden des Videoanrufs auf 🔴.

Während es bei Ihrem Gesprächspartner »klingelt«, sehen Sie zunächst in Ihrem Display ein vollflächiges Live-Video von sich selbst. Dieses wird von der Frontkamera aufgenommen (vorausgesetzt, die Frontkamera ist auch tatsächlich auf Sie ausgerichtet). Nimmt Ihr Gesprächspartner das Gespräch an, »schrumpft« Ihr eigenes Live-Videobild auf Briefmarkengröße ❸, und Ihr Gesprächspartner wird nunmehr vollflächig live angezeigt.

Diese Ansichten können Sie durch Antippen des briefmarkengroßen Bildes ändern – Sie selbst nehmen dann die Displayfläche ein, und das Livebild Ihres Gegenübers schrumpft. Auf die gleiche Weise können Sie das auch wieder umkehren.

Sowohl während eines Sprachanrufs als auch bei einem Videoanruf stehen dem Anrufer wie dem Angerufenen jeweils folgende Schaltflächen zur Verfügung – hier am Beispiel des Videoanrufs erklärt:

④ Mit dem Chat-Symbol haben Sie parallel zum aktiven Anruf die Möglichkeit, mit dem Gesprächspartner einen Chat zu eröffnen. Dabei bieten sich Ihnen sämtliche Möglichkeiten des Chattens, die Sie in Kapitel 3, »Los geht's: Chatten mit Text, Sprache, Bildern«, ab Seite 25 kennengelernt haben. So können Sie z. B. dem Gesprächspartner Ihren Standort übermitteln und noch einige telefonische Erklärungen hierzu abgeben. Sollten Sie sich während des Anrufs im Chat befinden, bekommen Sie auf Ihrem Display die Meldung **Tippe, um zum Anruf zurückzukehren** angezeigt. Folgen Sie dieser Aufforderung, wird der Chat beendet, der Anruf kann jedoch weitergeführt werden.

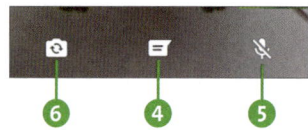

⑤ Mit Antippen des Mikrofon-Symbols schalten Sie Ihr Mikrofon stumm bzw. auch wieder aktiv.

⑥ Über das Wechsel-Symbol stellen Sie ein, ob die Videoübertragung über die Front- oder die Hauptkamera des Smartphones laufen soll. Voreingestellt ist die Frontkamera – das ist diejenige, die sich auf der Displayseite befindet und quasi Sie selbst aufnimmt. Möchten Sie Ihrem Gesprächspartner während des Gesprächs z. B. die Umgebung zeigen, stellen Sie auf die Hauptkamera (auf der Geräterückseite) um.

Während eines Sprachanrufs ist es naturgemäß nicht möglich, die Kamera umzustellen, da diese ja gar nicht zugeschaltet ist. Statt des Wechsel-Symbols **⑥** bekommen Sie ein Lautsprecher-Symbol 🔊 angezeigt (siehe auch die rechte Abbildung zum Sprachanruf auf Seite 60), mit dem Sie die Lautstärke des Gesprächs regulieren können.

Noch schneller anrufen

Einen Anruf (ob nun einen Sprach- oder Videoanruf) können Sie auch auf folgende Weise starten:

1. Tippen Sie im **CHATS**-Fenster nicht wie oben beim Führen Ihres ersten Sprach- bzw. Videoanrufs auf den Namen des Chatpartners, sondern diesmal auf dessen Kontakte-Bild.

2. Tippen Sie nun auf das Telefonhörer- ❶ oder das Videokamera-Symbol ❷, um sofort einen Sprach- oder Videoanruf zu beginnen.

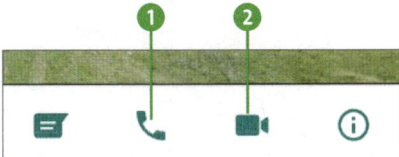

3. Führen und beenden Sie Ihren Sprach- bzw. Videoanruf.

Nachdem Sie nun einen Sprachanruf und ein Videotelefonat durchgeführt haben, zeigen wir Ihnen im folgenden Abschnitt, was passiert, wenn Sie selbst angerufen werden.

Einen Anruf entgegennehmen oder ablehnen

Über einen eingehenden Anruf werden Sie durch ein akustisches Signal informiert – es klingelt. (Siehe hierzu auch die Ausführungen zu »Benachrichtigungen« im Abschnitt »Alles eine Frage der Einstellungen« auf Seite 23.)

1. Auf Ihrem Display sehen Sie, dass Sie angerufen werden. Der Name des Anrufers ❶ und die Art des Anrufs (Sprachanruf oder wie im Beispiel hier ein Videoanruf ❷) werden angezeigt.

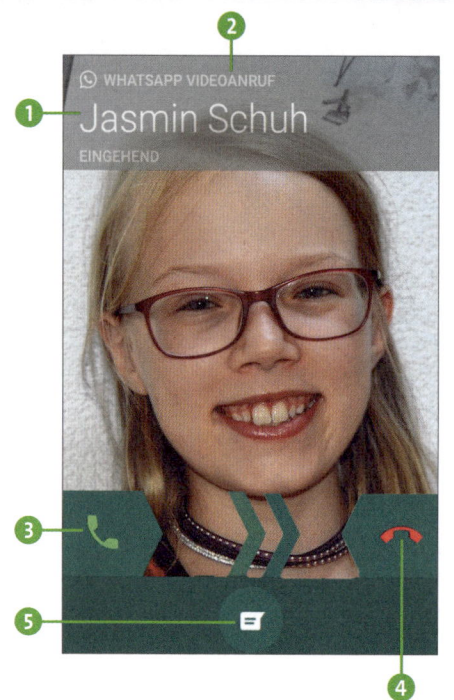
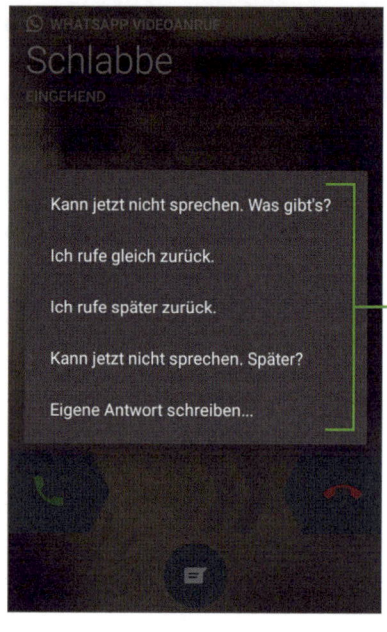

2. Streichen Sie jeweils von den Telefonhörer-Symbolen aus gesehen in Pfeilrichtung – wenn Sie den Anruf annehmen möchten, ziehen Sie das Symbol 📞 ❸ also nach rechts, möchten Sie den Anruf dagegen ablehnen, ziehen Sie das Symbol 📞 ❹ entsprechend nach links.

Haben Sie den Anruf durch Wischen nach rechts angenommen, kommt das Gespräch zustande. Führen und beenden Sie das Gespräch, wie Sie es bereits kennengelernt haben.

3. Ziehen Sie dagegen das rote Telefonhörer-Symbol nach links, wird der Anruf abgebrochen.

4. Alternativ zum Abbruch des Anrufs über das rote Telefonhörer-Symbol können Sie dem Anrufer auch eine Textnachricht übermitteln. Das ist in aller Regel höflicher, als bloß den Anruf abzubrechen, denn hier können Sie angeben, warum Sie den Anruf zurzeit nicht entgegennehmen können. Tippen Sie dazu auf die Schaltfläche ⌨ ❺, und Sie bekommen vorgefertigte Texte auf dem Display angezeigt ❻. Durch Antippen einer solchen Nachricht wird diese sofort versendet und dadurch zugleich der Anruf beendet. Der Anrufer bekommt die Nachricht unverzüglich in seinem Chatfenster angezeigt.

> **Allein der Anrufer bestimmt über die Art des Anrufs**
>
> Allein der Anrufer entscheidet über die Art des Anrufs. Bekommen Sie einen Videoanruf, so können Sie diesen nicht von sich aus in einen Sprachanruf »umwandeln«, weil z. B. die Frisur gerade nicht richtig sitzt. Und auch umgekehrt können Sie aus einem Sprachanruf keinen Videoanruf machen.

Das Gegenüber nicht erreicht oder einen Anruf verpasst?

Konnten Sie Ihr Gegenüber nicht erreichen, stehen Ihnen auf dem Display folgende Optionen zur Auswahl:

❶ Brechen Sie die Aktion ab – Sie landen wieder im Ausgangsfenster.

❷ Rufen Sie erneut an.

❸ Nehmen Sie eine Sprachnachricht auf, und senden Sie diese an Ihren Chatpartner. Nähere Erläuterungen hierzu finden Sie im Abschnitt »Voice Messaging – Sprachnachrichten aufnehmen und versenden« ab Seite 50.

Sie erreichen Ihr Gegenüber z. B. nicht, wenn er die Annahme des Gesprächs ablehnt oder wenn sich der Anruf nach einer gewissen Klin-
geldauer von selbst beendet.

Über einen verpassten Anruf werden Sie benachrichtigt: zum einen
erhalten Sie einen Hinweis in Ihrem **CHATS**-Fenster, zum anderen er-
scheinen verpasste Anrufe im **ANRUFE**-Fenster.

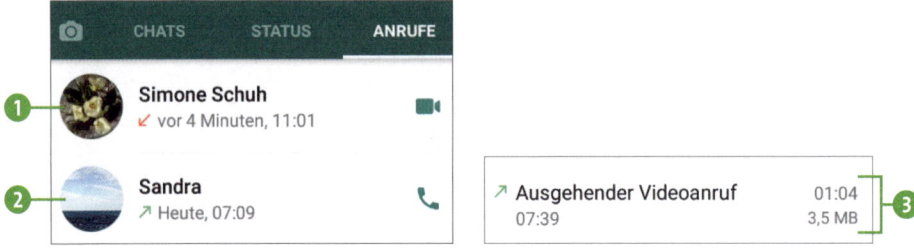

Achten Sie beim geöffneten **ANRUFE**-Fenster auf die Symbolik:

❶ Ein eingehender, nicht zustande gekommener Videoanruf ist am
roten Pfeil und dem Kamera-Symbol zu erkennen.

❷ Der grüne Pfeil und das Telefonhörer-Symbol zeigen einen ausge-
henden Sprachanruf an.

Durch Antippen des Hörer- bzw. Kamera-Symbols können Sie wiederum einen Sprach- bzw. Videoanruf starten.

Zu jedem im Fenster **ANRUFE** gelisteten Anruf können Sie sich zudem
Einzelheiten **❸** wie die Dauer und den Datenverbrauch anzeigen lassen – tippen Sie hierzu auf den Namen des Kontakts.

Im Fenster **ANRUFE** können Sie schließlich durch Aufruf des Menüs ⦂
die **Anrufliste leeren**. Es finden sich sodann keine gelisteten Anrufe
mehr im Fenster.

Haben Sie im **ANRUFE**-Fenster einen gelisteten Sprach- oder Videoanruf geöffnet, so können Sie diesen Einzelanruf durch Antippen von **Aus
Anrufliste löschen** entfernen.

KAPITEL 5

Alles zu Gruppenchats und Broadcasts

Möchten Sie mehrere Personen an einem Chat teilnehmen lassen, sodass sich alle Teilnehmer untereinander sehen und auch miteinander chatten können, so erstellen Sie einen Gruppenchat und laden die Kontakte Ihrer Wahl dazu ein. Auf diese Weise lassen sich z. B. gemeinsame Ausflüge planen, und jeder kann chatten, ob er teilnimmt und was er dazu beiträgt. Und das wiederum sehen alle Gruppenteilnehmer.

Erstellen Sie hingegen eine Broadcast-Liste mit mehreren Kontakten und versenden darüber Chats, sehen sich die Empfänger gegenseitig nicht. Bekommen Sie hierauf Antworten, sehen auch nur Sie die jeweilige Antwort. Für die Teilnehmer Ihrer Broadcast-Liste sieht es so aus, als würden sie von Ihnen einen Einzelchat erhalten.

Chef im Ring – einen Gruppenchat erstellen

Sie können unbegrenzt viele Gruppen erstellen – es gibt kein Limit. Lediglich die Anzahl der Teilnehmer pro Gruppe ist auf 256 beschränkt.

So erstellen Sie eine WhatsApp-Gruppe:

1. Öffnen Sie im Fenster **CHATS** das Menü ⋮, und tippen Sie auf **Neue Gruppe**.

2. Wählen Sie Ihre Teilnehmer aus der Kontaktliste durch Antippen aus. Auf

dem Profilbild des ausgewählten Namens erscheint ein Häkchen (siehe Seite 67), zudem werden die ausgewählten Teilnehmer oben in einer Auflistung ❶ angezeigt. Zum Entfernen eines bereits ausgewählten Teilnehmers tippen Sie entweder nochmals auf den betreffenden Teilnehmernamen in der Kontaktliste (dann verschwindet das Häkchen wieder), oder Sie tippen auf den entsprechenden Teilnehmer oben in der Auswahl ❷.

3. Bestätigen Sie Ihre Auswahl schließlich durch Antippen der Weiter-Schaltfläche ⟶ , oder brechen Sie alles, wenn Sie es sich doch noch einmal anders überlegt haben, durch ⟵ oder das Betätigen der Zurück-Taste Ihres Smartphones ab.

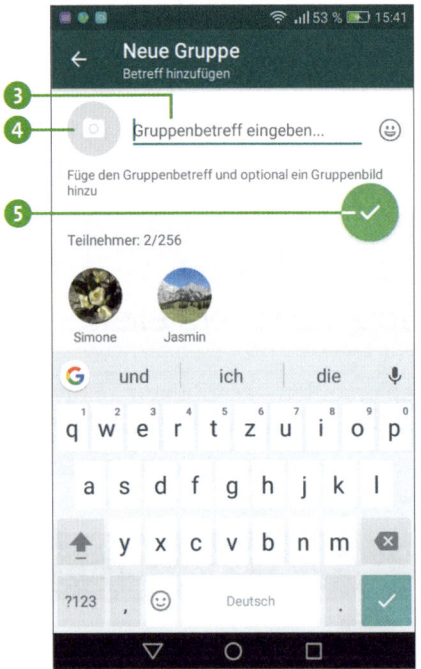

4. Im nun erscheinenden Bildschirm geben Sie einen **Gruppenbetreff** (das ist der Gruppenname) ❸ – wenn Sie möchten, mitsamt Emojis – ein. Über das Kamera-Symbol ❹ können Sie auch noch ein Profilfoto hinzufügen.

5. Bestätigen Sie Ihre Eingaben mit der entsprechenden Schaltfläche **5**, ist die Gruppe auch schon erstellt, und Sie können sofort mit dem Chatten loslegen. Der Gruppenname **6** erscheint in Ihrem **CHATS**-Fenster. Sie sind der *Gruppenadministrator*.

Gruppenmitglied werden

Werden Sie einer Gruppe hinzugefügt, so erhalten Sie, wie bei jedem »gewöhnlichen« Einzelchat auch, eine Benachrichtigung in Ihrem **CHATS**-Fenster. Öffnen Sie den Gruppenchat, und beteiligen Sie sich so an der Planung etwa des nächsten Ausflugs.

Die gesamte Gruppe kann dabei, wie eingangs erläutert, den gesamten Chat lesen. Möchten Sie ein Gruppenmitglied gezielt ansprechen, so ist dies wie folgt möglich:

1. Im Gruppenchat schreiben Sie ein @-Zeichen **1** in das Eingabefeld. WhatsApp erkennt, dass Sie jemanden gezielt ansprechen wollen, und listet Ihnen die Gruppenmitglieder **2** auf.

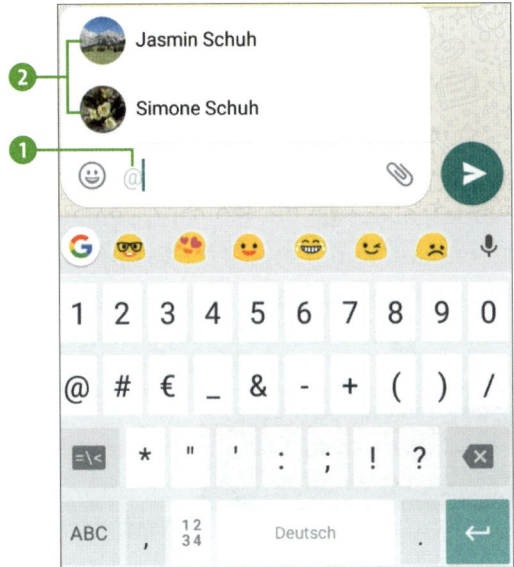

2. Tippen Sie auf den Namen des betreffenden Mitglieds, und schreiben Sie den Chat.

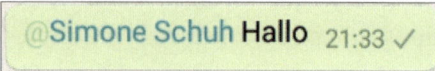

Das Mitglied erkennt, dass es gezielt angesprochen wurde, gleichwohl können alle Gruppenmitglieder den Chat lesen (und sehen auch, wer gemeint ist).

Gruppenadministrator oder Gruppenteilnehmer – wer darf was?

In einem Gruppenchat wird zwischen dem Gruppenadministrator, also dem »Gründer« der Gruppe, und den Mitgliedern unterschieden. Auch wenn der »Admin« über etwas weiter reichende Gruppenrechte verfügt (siehe weiter unten ab Seite 72), gibt es viele Gemeinsamkeiten:

- Beim Chatten sind Admin und Teilnehmer gleichrangig – jeder darf an jeden alles chatten, sprich: versenden, empfangen und weiterleiten. Gruppenchats können auch nach »draußen«, also an Nichtgruppenteilnehmer, weitergeleitet werden.

- Beide können Informationen über die Gruppe abrufen und hier Änderungen vornehmen. Begeben Sie sich hierzu in den Gruppenchat, und tippen Sie auf den Aktionsbalken ❶, der den Gruppennamen und die Gruppenmitglieder enthält. Es öffnet sich die **Gruppeninfo** (diese können Sie auch über das Menü aufrufen – tippen Sie hierzu im **CHATS**-Fenster auf das Menü ⁝ und dann auf **Gruppeninfo**).

- Innerhalb der **Gruppeninfo** ist es möglich, durch Antippen des Stift-Symbols ② den Betreff (Gruppennamen) zu ändern.

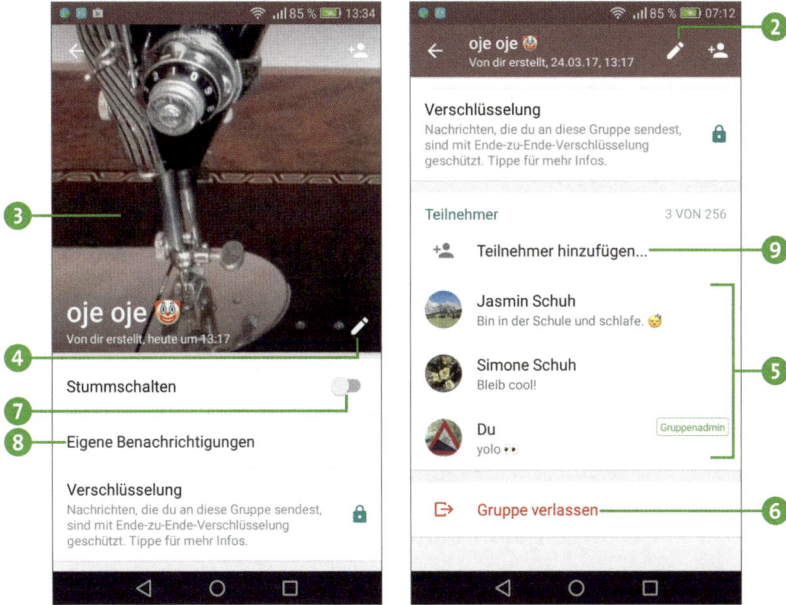

- Durch Antippen des Gruppenfotos wird dieses auf Ihren Bildschirm gezoomt ③. Mithilfe des Stift-Symbols ④ kann nun ein anderes Gruppenfoto erstellt oder ausgewählt werden.

- Scrollen Sie im Bildschirm **Gruppeninfo** weiter nach unten, sehen Sie die Gruppenteilnehmer mitsamt ihrem Status ⑤. Durch Antippen des Namens können Sie aus diesem Bildschirm heraus mit den jeweiligen Teilnehmern einen Einzelchat beginnen (dies ist dann für die Gruppe nicht sichtbar). Achtung: Sollte dieser Kontakt nicht in Ihrer eigenen Kontaktliste verzeichnet sein, so wird Ihnen lediglich dessen Mobilfunknummer angezeigt. Tippen Sie auf die Nummer, und fügen Sie diese, wenn Sie möchten, Ihren eigenen Kontakten hinzu.

- Wollen Sie an der Gruppe nicht mehr teilnehmen, tippen Sie auf **Gruppe verlassen** ⑥. Damit sind Sie draußen und können nur wieder durch einen Admin aufgenommen werden.

- Des Weiteren können Sie die Gruppe mithilfe des Schiebereglers **Stummschalten** ❼. Näheres zum Stummschalten erfahren Sie im Abschnitt »Wenn das Gegenüber nervt – einen Chatkontakt blockieren oder als Spammer melden« ab Seite 78.

- Außerdem können Sie die Benachrichtigungsoptionen für den Gruppenchat ändern. Tippen Sie hierzu auf **Eigene Benachrichtigungen** ❽. Im sich nun öffnenden Bildschirm stellen Sie die individuellen Gruppenbenachrichtigungen ein.

- Möchten Sie Informationen darüber erhalten, welche Mediendateien innerhalb der Gruppe gechattet wurden: Die Schaltfläche **Gruppenmedien** im Menü ⋮ gibt Ihnen darüber Auskunft.

Als Gruppenadministrator stehen Ihnen zusätzlich folgende Gruppenrechte zu.

- Über die **Gruppeninfo** lassen sich weitere Teilnehmer hinzufügen. Tippen Sie auf **Teilnehmer hinzufügen** ❾, und fügen Sie einen Teilnehmer durch Auswahl aus Ihrer Kontaktliste direkt hinzu. Möchten Sie diesen Kontakt nicht ungefragt zum Mitglied machen, so nutzen Sie über die Schaltfläche 🔗 die Option **Mit Link zur Gruppe einladen**. Versenden Sie zunächst eine Einladungsnachricht, und warten Sie die Antwort ab. Manche Leute mögen nicht ungefragt zu Gruppen hinzugefügt werden.

- Tippen Sie auf den Namen eines Gruppenmitglieds, so können Sie diesem auch Admin-Rechte verleihen (Sie verlieren die Ihren dadurch nicht).

- Zudem können Sie als Admin ein Mitglied aus der Gruppe entfernen. Das Mitglied kann dann zwar noch die alten Chats lesen, jedoch ab diesem Zeitpunkt nicht mehr aktiv am Gruppenleben teilnehmen (empfangen, senden, weiterleiten, ändern etc.).

- Falls Sie selbst als Admin die Gruppe verlassen und die Admin-Rechte vorher nicht an ein anderes Mitglied verliehen haben, kürt Whats-

App ein Gruppenmitglied zum Administrator. Sie selbst können der Gruppe dann nicht mehr von sich aus beitreten; das geht wieder nur über einen Admin.

- Nachdem Sie als Admin alle Teilnehmer aus der Gruppe entfernt haben, können Sie die Gruppe auch löschen.

Gruppe verlassen – und wo sind die Dateien?

Haben Sie als Admin oder als Teilnehmer die Gruppe verlassen, verbleiben die gechatteten Mediendateien (Bilder, Videos, Audios usw.) dennoch auf Ihrem Smartphone gespeichert. Wie Sie an diese »herankommen«, lesen Sie im Abschnitt »Wo eigentlich sichert WhatsApp die Dateien, und wie kann ich auf diese zugreifen?« ab Seite 85.

Im Menü sowie im Gruppeninfo finden Sie noch weitere Einstellungsmöglichkeiten und Funktionen. Da Sie diese sowohl für Gruppen- als auch Einzelchats vornehmen können, erfahren Sie dazu mehr in Kapitel 6, »Wissenswertes und Nützliches rund um WhatsApp«, ab Seite XXX.

Eine Broadcast-Liste erstellen

Sie können beliebig viele Broadcast-Listen erstellen und haben auch hier Admin-Rechte. Lediglich die Anzahl der Empfänger pro Liste ist wie beim Gruppenchat auf 256 limitiert.

Auch die Vorgehensweise zum Erstellen einer Broadcast-Liste ähnelt der beim Erstellen einer Gruppe:

1. Öffnen Sie im Fenster **CHATS** das Menü, und tippen Sie auf **Neuer Broadcast**.
2. Folgen Sie den Schritten 2 und 3 ab Seite 67.
3. Sie befinden sich sofort im Broadcast-Chat und können loslegen.

Der Name der Broadcast-Liste lässt sich erst im Nachhinein vergeben. Öffnen Sie hierzu die Broadcast-Liste, und tippen Sie auf den Aktionsbalken ❶. Im **Broadcast-Listen-Info** können Sie dann analog zum Gruppenchat-Info Ihre Einstellungen vornehmen.

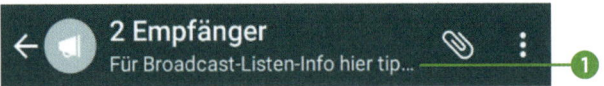

Abweichend vom Gruppenchat können die Empfänger keine Einstellungen vornehmen, denn sie wissen »offiziell« gar nicht, dass sie Teil einer Broadcast-Liste sind.

Nach dem Versand eines Broadcast-Chats wird dieser im **CHATS**-Fenster angezeigt. Ein Broadcast ist stets mit einem Flüstertüten-Symbol ❷ gekennzeichnet. Es kann nicht durch ein »Profilfoto« ersetzt werden.

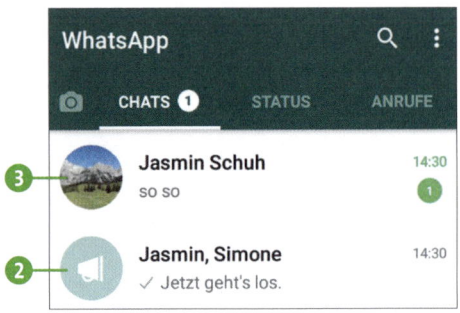

Da der Broadcast beim Empfänger wie ein Einzelchat »ankommt«, erhalten Sie eventuelle Rückantworten ebenfalls als Einzelchat ❸.

Führen mehrerer Broadcast-Listen

Führen Sie mehrere Broadcast-Listen, so vergeben Sie jeder Liste einen eindeutigen Namen. Auf diese Weise beugen Sie Verwechslungen vor und senden Chats nicht versehentlich über die falsche Liste. Eine solche Verwechslung könnte unter Umständen peinlich werden.

Hat Ihr Empfänger Sie selbst nicht in der Kontakte-App bzw. der WhatsApp-Favoritenliste seines Smartphones gespeichert, können Sie ihn trotzdem als Mitglied in eine Gruppe und auch als Empfänger einer Broadcast-Liste aufnehmen. Er bekommt dann statt Ihres Namens Ihre Mobilfunknummer als Absender angezeigt.

KAPITEL 6

Wissenswertes und Nützliches rund um WhatsApp

In diesem Kapitel verraten wir Ihnen abschließend noch eine Reihe von Tipps und Tricks, mit denen Sie WhatsApp noch besser Ihren Bedürfnissen anpassen und es noch bequemer und sicherer nutzen.

Die Kosten im Blick

Das Senden und Empfangen von Mediendateien sowie die Sprach- und Videoanrufe mit WhatsApp können den mobilen Datentarif belasten und vor allem in einem kostenpflichtigen WLAN-Netzwerk zu Buche schlagen. Wie gut, dass Sie sich schon allein mithilfe von WhatsApp vor unliebsamen Gebühren schützen können:

Öffnen Sie, ausgehend vom **CHATS**-Fenster, das Menü ⋮, und wählen Sie dort **Einstellungen ▸ Datennutzung**. Rufen Sie die Kategorien **Bei mobiler Datenverbindung ❶** bzw. **Bei einer WLAN-Verbindung ❷** auf, und entscheiden Sie sich im erscheinenden Bildschirm, welche Arten von Mediendateien automatisch heruntergeladen werden dürfen ❸.

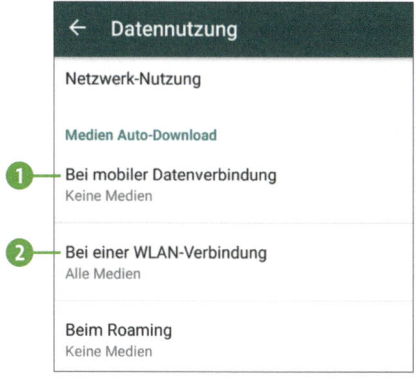

Die Suchfunktion von WhatsApp

Sicherlich ist sie Ihnen schon aufgefallen, schließlich ist sie im Aktionsbalken – und nicht nur dort – allgegenwärtig: die Lupe Q . Sie symbo-
lisiert die in WhatsApp integrierte Suchfunktion.

Möchten Sie z. B. nach einem bestimmten Stichwort suchen, welches in irgendeinem Ihrer Chats gefallen ist, begeben Sie sich in das
CHATS-Fenster und tippen auf die Lupe. Über die Tastatur und natürlich auch per Spracheingabe kann nun die Suche gestartet werden. Wenn Sie im **CHATS**-Fenster z. B. als Suchbegriff den Namen
eines Kontakts eingeben ❶, findet WhatsApp ihn unter Umständen
nicht nur in den Kontaktnamen ❷, sondern auch innerhalb der
Nachrichten ❸.

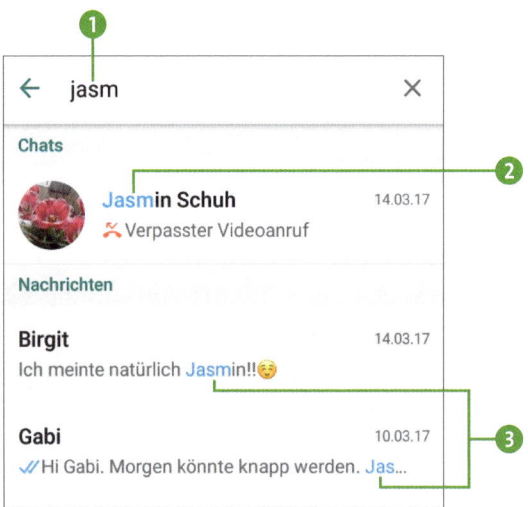

Haben Sie zu Ihren Kontakten auch die Adressdaten (Straße, Postleit-
zahl etc.) hinterlegt, können Sie in der Kontaktliste auch nach solchen
Daten suchen.

Prinzipiell ist die Suchfunktion kontextbezogen, d. h. abhängig davon,
in welchem Bereich von WhatsApp Sie sich jeweils befinden.

Schnellverknüpfungen auf dem Homescreen anlegen

Chatten Sie mit einer Einzelperson oder mit einer Gruppe besonders häufig, so legen Sie doch eine Schnellverknüpfung auf Ihren Startbildschirm (*Homescreen*). Sie müssen dann nur noch die Schnellverknüpfung antippen und gelangen so direkt in den betreffenden Chat. Das vorherige Öffnen der App WhatsApp und das Heraussuchen des betreffenden Chats sind somit nicht mehr nötig. Dasselbe gilt auch für Broadcast-Listen.

Und so geht's:

1. Öffnen Sie den betreffenden Chat.

2. Tippen Sie auf das Menü ⋮, und öffnen Sie die Rubrik **Mehr**.

3. Tippen Sie auf **Verknüpfung hinzufügen**, und schon wird eine Verknüpfung auf dem Startbildschirm abgelegt.

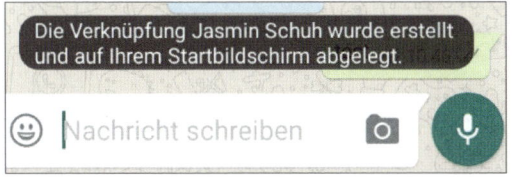 

Die Chatverknüpfung lässt sich, so wie jede andere App-Verknüpfung auch, wieder vom Bildschirm entfernen:

1. In unserem Beispiel soll die WhatsApp-Verknüpfung **Funny** ❶ vom Homescreen entfernt werden. Halten Sie den Finger ca. ein bis zwei Sekunden auf der Verknüpfung gedrückt (wenn Sie dagegen bloß tippen, würden Sie damit WhatsApp starten).

2. Der Name verschwindet nun, und das App-Symbol wird etwas größer ❷. Am oberen Bildschirmrand erscheint zudem das Symbol eines Mülleimers ❸.

3. Halten Sie die Verknüpfung weiterhin gedrückt, und ziehen Sie diese auf das Mülleimer-Symbol.

4. Ändert die App-Verknüpfung nun auch ihre Farbe ❹, ist dies das Zeichen, dass Sie den Finger von der Verknüpfung nehmen können. Sie verschwindet von der Bildfläche.

Dabei wird lediglich die Verknüpfung, nicht jedoch der eigentliche Chat gelöscht. Dieser findet sich selbstverständlich noch in WhatsApp.

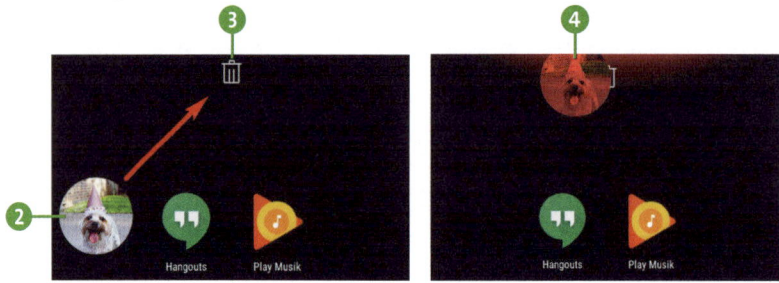

Wenn das Gegenüber nervt – einen Chatkontakt blockieren oder als Spammer melden

Sie haben die Möglichkeit, einen Kontakt bzw. eine Gruppe stummzuschalten. Durch das Stummschalten werden Sie weder per Ton noch per Vibration über einen eingehenden Chat informiert. Je nachdem, ob Sie die Kontaktdaten des Absenders bzw. dessen Mobilfunknummer bereits im Adressbuch Ihres Smartphones gespeichert haben oder nicht, ist das Vorgehen ein anderes.

Im Folgenden zeigen wir, wie Sie verfahren, wenn sich der Absender bereits unter Ihren Kontakten befindet:

1. Begeben Sie sich in den Einzel- bzw. Gruppenchat, öffnen Sie das Menü, und tippen Sie auf **Stummschalten**.

2. Bestimmen Sie im neuen Bildschirm die Dauer der Stummschaltung ❶, und wählen Sie ggf. zusätzlich die Option **Benachrich-**

tigungen anzeigen 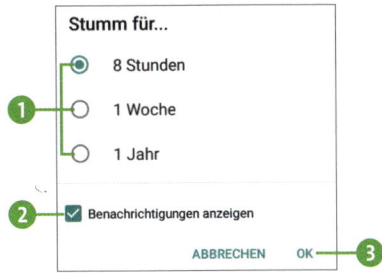 ab, indem Sie durch Antippen das Häkchen entfernen. Damit werden keine Benachrichtigungen über den eingehenden Chat in der Benachrichtigungsleiste angezeigt. Bestätigen Sie mit **OK** ❸.

3. Möchten Sie zu einem späteren Zeitpunkt die Stummschaltung wieder aufheben, wählen Sie im Menü **Stumm aus**.

Ein stummgeschalteter Kontakt kann Sie jedoch noch anrufen – es klingelt dann auch ganz normal. Das Stummschalten eines Whats-App-Anrufs ist nicht möglich. Um zusätzlich auch Anrufe zu unterbinden, steht Ihnen in WhatsApp das Blockieren zur Verfügung:

1. Begeben Sie sich in den betreffenden Einzel- bzw. Gruppenchat, öffnen Sie das Menü, tippen Sie auf **Mehr** und schließlich auf **BLOCKIEREN**.

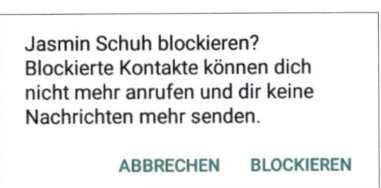

2. Mit Tippen auf **Freigeben** im Menü unter **Mehr** heben Sie die Blockade wieder auf – Sie können wieder Chats und Anrufe von dem Kontakt bzw. der Gruppe erhalten.

Erhalten Sie eine Chatnachricht von einem Teilnehmer, der noch nicht als Kontakt auf Ihrem Smartphone gespeichert ist, so sehen Sie im Fenster **CHATS** als Absender lediglich dessen Mobiltelefonnummer. Tippen Sie diese an, können Sie die Chatnachricht wie gewohnt lesen. WhatsApp macht Sie dort auch noch einmal darauf aufmerksam, dass der Absender nicht in Ihrem Adressbuch hinterlegt ist (❶ auf Seite 80), und bietet Ihnen drei Optionen zur Wahl:

❷ Sie melden den unbekannten Absender als Spam (siehe dazu bitte auch den Kasten »Was geschieht, wenn ich in WhatsApp Spam melde?« auf der folgenden Seite).

3 Sie blockieren ihn.

4 Sie nehmen ihn in Ihre Kontaktliste auf.

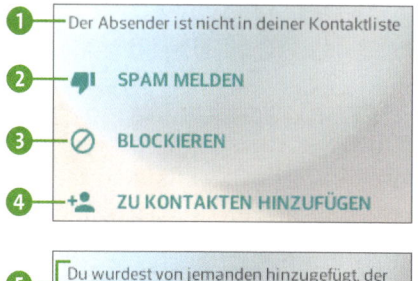

Dieselben Optionen stehen Ihnen auch zur Verfügung, wenn ein »Unbekannter« Sie in seine Broadcast-Liste aufgenommen hat und Ihnen hierüber einen Chat sendet.

Nimmt Sie ein nicht in Ihren Kontakten gespeicherter Administrator ungefragt in eine Gruppe auf, werden Sie hierüber ebenso informiert **5**. Hier wählen Sie zwischen zwei Möglichkeiten **6**.

Was geschieht, wenn ich in WhatsApp Spam melde?

Als *Spam* bezeichnet man unerwünschte Nachrichten, die auf elektronischem Wege versandt werden und oftmals Werbung zum Inhalt haben. Wird eine Mobilfunknummer häufig als »Spammer« (derjenige, der Spam versendet) gemeldet, wird sie durch WhatsApp vom weiteren Chatten bzw. Anrufen ausgeschlossen.

Das Hintergrundbild ändern

Um das Hintergrundbild in WhatsApp zu ändern, öffnen Sie im Fenster **CHATS** einen Einzelchat, tippen auf das Menü ⋮ und dann auf **Hintergrund**. Im erscheinenden Bildschirm können Sie die Quelle bestimmen, aus der Sie Ihren neuen Hintergrund einfügen.

Welche Dateien habe ich mit wem »gechattet«?

Möchten Sie nachvollziehen, welche Dateien (**MEDIEN, DOKUMENTE, LINKS**) Sie mit jemandem im Chat ausgetauscht haben, so öffnen Sie den jeweiligen Einzel- bzw. Gruppenchat oder auch die entsprechende Broadcast-Liste. Nach Öffnen des Menüs finden Sie den Eintrag **Medien** bzw. **Gruppenmedien** bzw. **Medien der Broadcast-Liste** (je nachdem, in welcher Art von Chat Sie sich gerade befinden). Tippen Sie den entsprechenden Eintrag an, erhalten Sie die gewünschten Informationen.

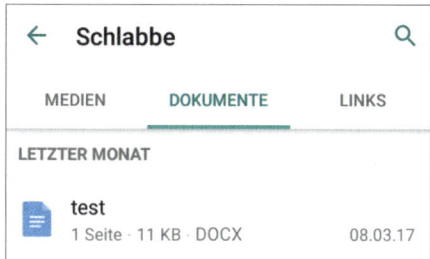

Voraussetzung ist allerdings, dass die betreffenden Elemente noch nicht aus Ihrem Chatverlauf gelöscht wurden. Wie das wiederum funktioniert, erfahren Sie im folgenden Abschnitt.

Durch Löschen in den Chats aufräumen

Ist Ihnen ein Chatverlauf zu unübersichtlich geworden, können Sie hieraus einzelne oder gleich mehrere Elemente löschen:

1. Markieren Sie in einem Chat ein oder mehrere Elemente (Textnachrichten, Medien, Links etc.).

2. Der Aktionsbalken erscheint. Tippen Sie hier auf das Mülleimer-Symbol.

3. Bestätigen Sie die Abfrage, indem Sie auf **LÖSCHEN** ❶ tippen.

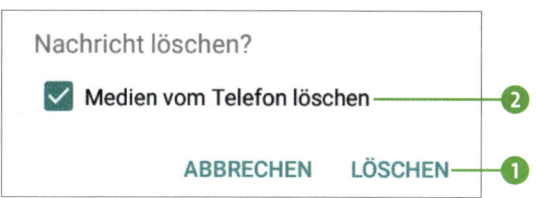

Achtung: Die Abfrage ist etwas missverständlich. **Medien vom Telefon löschen** (❷ auf Seite 81) bedeutet nicht, dass die von Ihnen zuvor markierten Medien (Bilder, Filme, Audios etc.) tatsächlich vom Telefon gelöscht und somit auch aus dem Telefonspeicher entfernt werden. Diese sind lediglich im jeweiligen Chat nicht mehr vorhanden.

Wie man den Speicher selbst ausmistet und Unnötiges löscht, erfahren Sie im Abschnitt »Wo eigentlich sichert WhatsApp die Dateien, und wie kann ich auf diese zugreifen?« ab Seite 85.

Um einen Chatverlauf auf einmal zu löschen, öffnen Sie innerhalb eines Chats das Menü ⋮ und wählen **Mehr**. Tippen Sie auf **Chatverlauf leeren**. Bestätigen Sie die Aktion durch Antippen von **LEEREN**.

Haben sich die verschiedenen Chats in Ihrem **CHATS**-Fenster mittlerweile so angehäuft, dass Sie allmählich den Überblick verlieren? Dann können Sie auch die Chats selbst, einzelne oder auch gleich mehrere, löschen. Vor allem von solchen Chatpartnern, mit denen Sie voraussichtlich die nächste Zeit nicht mehr chatten werden und deren Inhalte Ihnen an sich auch gar nicht (mehr) so wichtig sind.

1. Öffnen Sie Ihr **CHATS**-Fenster.

2. Markieren Sie einen oder mehrere Chats.

3. Tippen Sie auf das Mülleimer-Symbol 🗑 im Aktionsbalken.

4. Bestätigen Sie die Abfrage durch Tippen auf **LÖSCHEN**.

Um beim Aufräumen nicht das Kind mit dem Bad auszuschütten, können Sie zuvor in Ihren Chats bestimmen, was Sie gerne behalten möchten. Wie Sie hierzu vorgehen, lesen Sie im folgenden Abschnitt.

Mit den Sternen Wichtiges bewahren

Sind Ihnen einzelne Chatnachrichten (seien es Texte, Videos, Bilder, Audios oder auch Links) wichtig und möchten Sie diese daher keinesfalls löschen, so versehen Sie sie mit einem Stern.

1. Markieren Sie innerhalb eines Chats diejenigen Elemente, die Sie mit einem Stern versehen möchten.

2. Tippen Sie im Aktionsbalken auf das Stern-Symbol ⭐. Die Elemente erhalten nun einen Stern ❶.

3. Nun können Sie den gesamten Chatverlauf zwar so wie soeben auf Seite 82 beschrieben in einem Rutsch löschen, dabei aber die mit einem Stern versehenen Elemente vom Löschen ausnehmen. Belassen Sie hierzu in der erscheinenden Abfrage das entsprechende Häkchen ❷.

Möchten Sie sich alle mit Stern markierten Elemente anzeigen lassen, tippen Sie auf das Menü ⋮ im Fenster **CHATS** und dann auf **Mit Stern markierte**. Nach Markieren eines oder mehrerer Elemente stehen Ihnen nun wieder sämtliche Möglichkeiten der »Bearbeitung« (Löschen, Weiterleiten etc.) zur Verfügung. Zudem können Sie hier die Sternchenmarkierung auch wieder aufheben ⭐.

Chats archivieren

Bringen Sie es doch nicht so richtig übers Herz, die Chats zu löschen, so archivieren Sie sie doch. Einen oder mehrere Chats zu archivieren heißt in WhatsApp nichts anderes, als diese aus dem **CHATS**-Fenster auszublenden. Und das geht so:

1. Markieren Sie im **CHATS**-Fenster einen oder mehrere Chats (Einzel-, Gruppenchats oder auch Broadcast-Listen).

2. Tippen Sie auf das Archivieren-Symbol 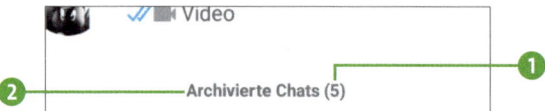 im Aktionsbalken, und schon werden Ihre Chats archiviert.

Die Anzahl der archivierten Chats wird im **CHATS**-Fenster ganz unten angezeigt ❶. Versenden Sie aus einem archivierten Chat eine Chatnachricht oder erhält ein archivierter Chat eine Chatnachricht, so wird dies automatisch wieder im **CHATS**-Fenster angezeigt.

3. Um die archivierten Chats selbst wieder anzuzeigen, scrollen Sie durch eine Wischbewegung dorthin und tippen auf **Archivierte Chats** ❷. Es öffnet sich der Bildschirm **Archivierte Chats**.

4. Markieren Sie dort einen oder mehrere Chats, und stellen Sie diese auf Wunsch durch Antippen von ⬆ wieder her.

Alle Chats archivieren, leeren oder löschen

Tippen Sie im **CHATS**-Fenster auf das Menü ⋮ und dort auf **Einstellungen ▸ Chats ▸ Chatverlauf**, haben Sie die Möglichkeit, alle Chats auf einmal zu archivieren ❶, zu leeren ❷ bzw. zu löschen ❸.

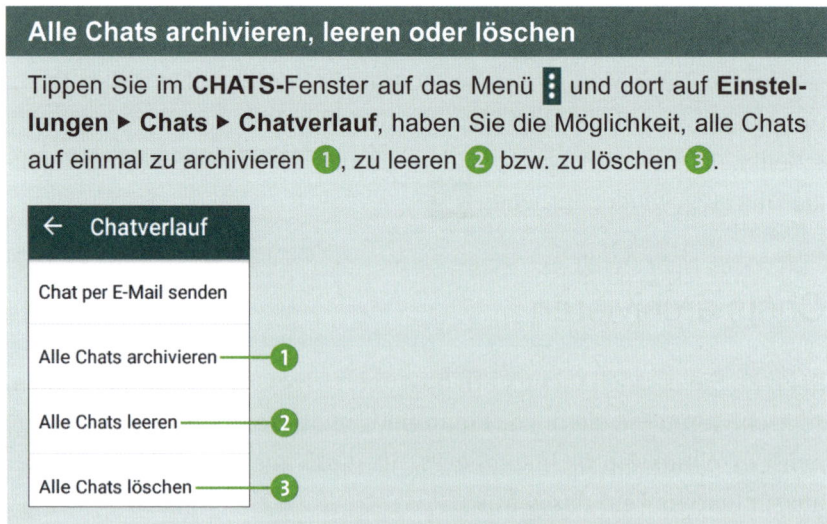

Wo eigentlich sichert WhatsApp die Dateien, und wie kann ich auf diese zugreifen?

Mediendateien wie Bilder, Videos, Audios und Sprachnachrichten werden in einem bestimmten von WhatsApp angelegten Verzeichnis gespeichert. Um auf dieses Verzeichnis zugreifen zu können, nutzen Sie den auf Ihrem Smartphone befindlichen Dateimanager oder laden sich einen solchen über den Google Play Store herunter. Unsere Empfehlung für Android-Geräte ist der *ES Datei Explorer* bzw. *ES Datei Explorer PRO*. Letzterer ist zwar kostenpflichtig, dafür aber werbefrei.

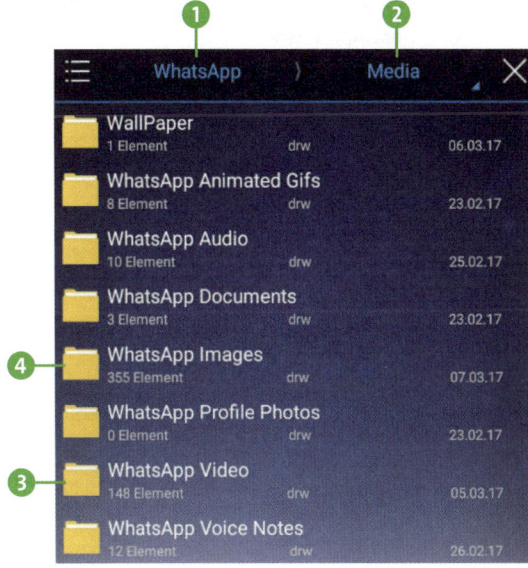

Im internen Speicher des Smartphones findet sich ein Ordner **WhatsApp** ❶ und darin wiederum ein Ordner **Media** ❷. Dieser wiederum enthält Unterordner. In der Abbildung links sehen Sie, dass der Ordner **WhatsApp Video** z. B. 148 Elemente ❸ beinhaltet und der Bilderordner (**WhatsApp Images**) 355 Elemente ❹ umfasst. Alle diese Ordner lassen sich durch Antippen öffnen und die darin enthaltenen Dateien bearbeiten, also öffnen, versenden, umbenennen oder z. B. auch löschen. Sie können die Dateien aber auch von dort in ein anderes Verzeichnis verschieben oder in einer Cloud sichern.

Haben Sie Ihr Smartphone mit dem dafür vorgesehenen Kabel an einem PC bzw. Notebook angeschlossen, greifen Sie mittels eines Dateimanagers (wie z. B. des Explorers in Windows) ebenso auf die Ordner-inhalte Ihres Smartphones zu.

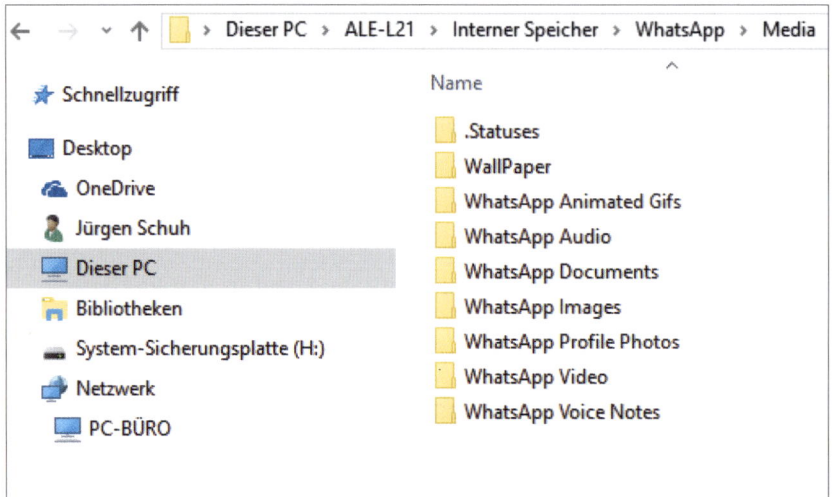

Ein Bearbeiten der Dateien ist auf diese Art und Weise sehr komforta-bel möglich. Sichern Sie sich so Ihre WhatsApp-Schätzchen, welche im Telefonspeicher schlummern. Markieren Sie die betreffenden Ordner oder einzelne Dateien, und kopieren Sie diese auf die Festplatte Ihres Computers oder einen an den Computer angeschlossenen externen Datenträger (USB-Stick, Festplatte). Oder löschen Sie auf diese Weise Dateien, die Sie nicht mehr benötigen.

Chat per E-Mail senden

Auch das ist eine Art Datensicherung, die WhatsApp Ihnen bietet: die Möglichkeit, den Chatverlauf per E-Mail zu versenden.

1. Begeben Sie sich in den Chat, den Sie sichern wollen.

2. Öffnen Sie das Menü und dann **Mehr**.

3. Tippen Sie auf **Chat per E-Mail senden**.

4. Im nächsten Bildschirm legen Sie fest, ob Sie den Chat mit Medienanhang ❶ oder ohne ❷ senden.

5. Es öffnet sich automatisch Ihre E-Mail-App (im Beispiel die Google-Mail-App *Gmail*). Sie sind als Absender bereits eingetragen ❸. Der Whats-App-Chattext wird ohne Ihr Zutun als *.txt*-Datei angehängt ❹, ggf. auch die Mediendateien ❺. Alle Anhänge lassen sich in der E-Mail auch noch nachträglich durch Antippen des Kreuzes ❻ entfernen.

6. Geben Sie den Empfänger ein ❼, und versenden Sie die E-Mail ❽.

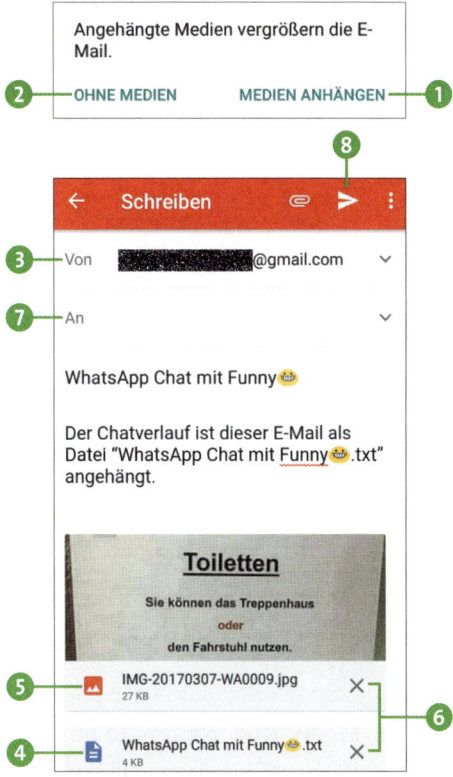

WhatsApp Web

WhatsApp können Sie auch am Computer nutzen. So ersparen Sie sich die mühselige »Kleinarbeit« auf der Tastatur Ihres Smartphones. WhatsApp Web bietet Ihnen nahezu dieselben Funktionen, die Sie von der App auf Ihrem Smartphone her kennen. Probieren Sie es aus, es macht richtig Spaß!

1. Laden Sie von der Internetseite *https://www.whatsapp.com/download* das passende Installationsprogramm (für den Windows-PC oder auch Apple-Computer) herunter, installieren und öffnen Sie es. Auf dem Bildschirm Ihres Computers finden Sie nun einen QR-Code (❶ auf Seite 88).

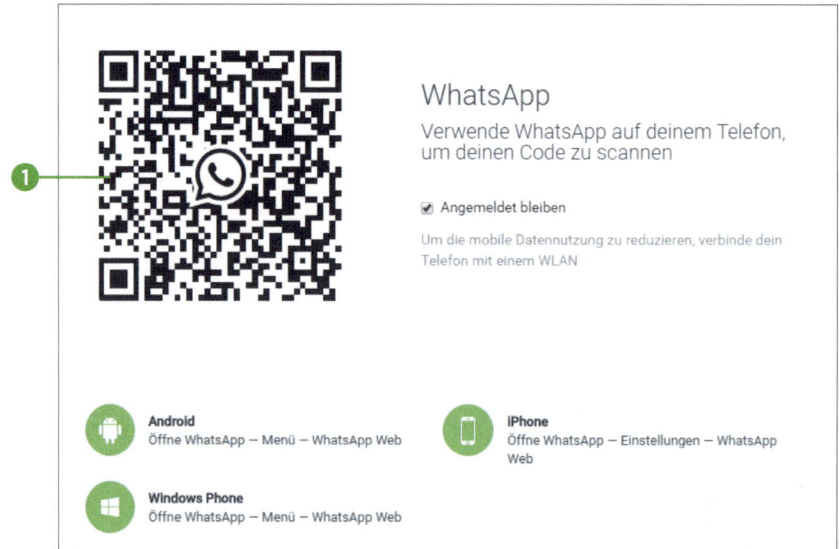

2. Nehmen Sie nun Ihr Smartphone zur Hand, und starten Sie WhatsApp.

3. Öffnen Sie im **CHATS**-Fenster das Menü, und tippen Sie auf **WhatsApp Web**. WhatsApp erklärt Ihnen kurz, was Sie zu tun haben. Tippen Sie auf **OK, VERSTANDEN** ❷.

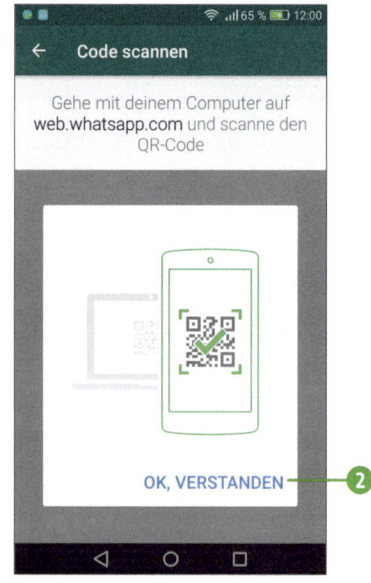

4. Die Kamera-App Ihres Smartphones hat sich jetzt automatisch aktiviert. Verbinden Sie nun Smartphone und Computer, indem Sie sich mit dem auf Ihrem Smartphone-Bildschirm sichtbaren quadratischen Rahmen dem QR-Code auf dem Computer-bildschirm nähern.

5. Wurde der QR-Code von Ihrem Smartphone erkannt, startet WhatsApp Web auf Ihrem Computer ohne weiteres Zutun.

6. Chatten Sie nun an Ihrem Computer, so wie Sie es von Ihrem Smartphone her gewohnt sind.

7. Möchten Sie über WhatsApp Web an einen Chat Mediendateien (Bilder, Filme etc.) versenden, so greift WhatsApp Web auf die Mediendateien Ihres Computers zu.

8. Um WhatsApp Web am Computer zu beenden, öffnen Sie zunächst **WhatsApp Web** auf Ihrem Smartphone. Tippen Sie dann auf **Von allen Computern abmelden** ❸. Beenden Sie schließlich das Programm WhatsApp Web auf Ihrem Computer.

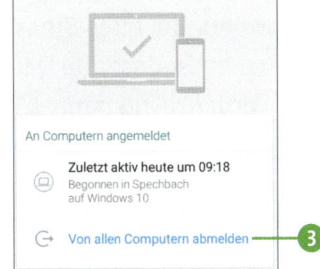

Teilen von Dateien

Teilen bedeutet, dass Sie Inhalte in WhatsApp an andere Anwendungen weitergeben.

1. Markieren Sie eine Datei (ein Bild, Video oder Dokument) in einem Chat.

2. Tippen Sie im Aktionsbalken auf das Teilen-Symbol.

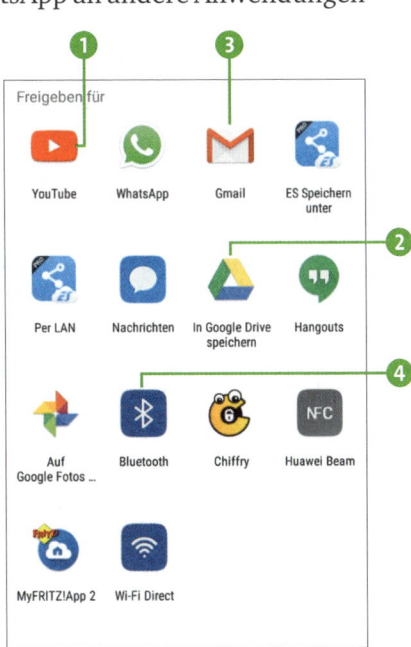

Je nach auf Ihrem Smartphone installierten Apps stehen Ihnen nun verschiedene Möglichkeiten zum Teilen bzw. Versenden zur Verfügung. Ein Video können Sie mit WhatsApp z. B. sofort auf **YouTube** ❶ oder in den Cloudspeicher **Google Drive** ❷ laden, per **Gmail** ❸ versenden oder auch per **Bluetooth** mit anderen teilen ❹.

Mit einer WhatsApp-Datensicherung auf ein neues Smartphone umziehen

Sie haben ein neues Android-Smartphone bekommen, ohne dass sich Ihre Mobilfunknummer geändert hat, und wollen vom alten Android-Smartphone Ihr lieb gewonnenes WhatsApp mitnehmen? Oder Sie wollen Ihr altes Smartphone auf die sog. *Werkseinstellungen* zurücksetzen, sodass alle Daten und somit auch WhatsApp komplett gelöscht werden? Und danach soll WhatsApp auf dem neuen Gerät wieder eingespielt werden? Voraussetzung ist, dass beide Geräte über dasselbe *Google-Konto* verfügen. Mit dem Anlegen eines Google-Kontos haben Sie gleichzeitig bis zu 15 Gigabyte an Cloudspeicherplatz (auf *Google Drive*) zur Verfügung. Es ist also mehr als eine Überlegung wert, die Sicherungsdateien dort zu speichern, zumal Sie auf Google Drive nicht nur den Chatverlauf, sondern auch alle Mediendateien und auch die Videos sichern können.

Zuallererst kümmern wir uns um die Sicherung der alten Chatnachrichten und Dateien:

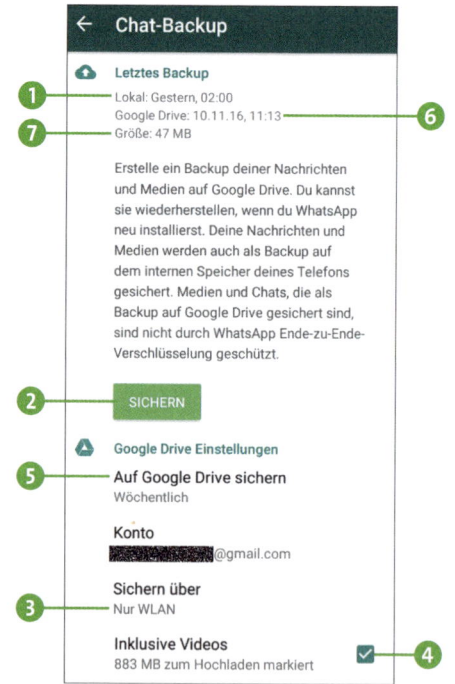

1. Öffnen Sie im **CHATS**-Fenster das Menü und dann die **Einstellungen**. Tippen Sie hier auf **Chats** und anschließend auf **Chat-Backup**. Sie sehen, wann WhatsApp die letzte automatische Datensicherung, das sog. *Backup*, durchgeführt hat ❶, und haben mithilfe von **SICHERN** ❷ aktuell die Möglichkeit, selbst ein Backup zu erstellen.

Zuvor wollen wir uns aber noch einige Einstellungen näher ansehen.

2. Voreingestellt ist die Sicherung über WLAN ❸. Durch Antippen von **Sichern über** könnten Sie sich auch für eine Sicherung über Ihren mobilen Datentarif entscheiden, wovon wir abraten. Belassen Sie es also bei der Voreinstellung.

3. Möchten Sie Ihre Videos ebenso sichern, tippen Sie auf das Kästchen ❹. Gleichzeitig bekommen Sie angezeigt, wie viel MByte an Daten dabei in der Cloud gespeichert werden.

4. Tippen Sie auf **Auf Google Drive sichern** ❺, und wählen Sie darunter, wie häufig Sicherungen durchgeführt werden sollen. Voreingestellt ist hier **Niemals**. Wünschen Sie keine regelmäßige Sicherung, so belassen Sie diese Einstellung.

5. Durch Antippen von **SICHERN** ❷ starten Sie nun die manuelle Sicherung der Daten auf Ihrem Cloudspeicher. Als Zwischenschritt müssen Sie noch der Nutzung des Google-Drive-Kontos durch WhatsApp zustimmen. Tippen Sie in der erscheinenden Abfrage also auf **ZULASSEN**.

6. Je nach Datenmenge und Schnelligkeit Ihrer Internetverbindung kann der Sicherungsvorgang einige Minuten in Anspruch nehmen. Anschließend sehen Sie, wann Sie zuletzt eine Sicherung auf Google Drive durchgeführt haben ❻ und wie groß die Sicherungsdatei ist ❼.

Alternativ zur Komplettsicherung auf einem Google-Konto bzw. als zusätzliche Absicherung können Sie Ihr WhatsApp auch auf einem PC sichern.

1. Verbinden Sie Ihr Smartphone mit Ihrem PC mittels des dafür vorgesehenen Kabels, um auf die Dateien in Ihrem Smartphone-Speicher zugreifen zu können.

2. Kopieren Sie den gesamten WhatsApp-Ordner (siehe den Abschnitt »Wo eigentlich sichert WhatsApp die Dateien, und wie kann ich auf diese zugreifen?« ab Seite 85) auf die Festplatte Ihres Computers. Somit haben Sie alle WhatsApp-Dateien gesichert.

Nachdem Sie eine Sicherung durchgeführt haben, geht es nun daran, WhatsApp (auf dem neuen Gerät) wiederherzustellen. Wenn Sie ein Backup auf Google Drive durchgeführt haben, ist das ganz schnell erledigt:

1. Auf Ihrem neuen Android-Smartphone muss das Google-Konto, in welchem Ihr Backup liegt, bereits integriert sein, und auch eine aktive Internetverbindung muss bestehen.

2. Installieren Sie WhatsApp, wie zu Beginn dieses Buches beschrieben, auf Ihrem Smartphone.

3. WhatsApp erkennt ein etwaiges Backup ❶ und bietet Ihnen an, dieses wiederherzustellen. Tippen Sie also auf **WIEDERHER-STELLEN** ❷.

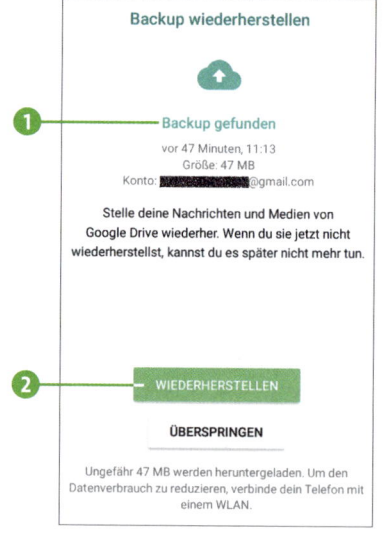

Damit ist WhatsApp nun in aller Regel komplett auf Ihr neues Smartphone umgezogen. Es kommt allerdings auch einmal vor, dass nicht alle Dateien über die Cloud wiederhergestellt werden können. Vor allem bei Videos kann es zu Ausfällen kommen. Darum empfiehlt es sich, wie oben gezeigt, zusätzlich zum Cloud-Backup über Google-Drive auch ein manuelles Backup auf dem Computer durchzuführen – zumindest sollte so der Ordner **WhatsApp Video** gesichert werden. Die fehlenden Dateien können dann

»händisch« vom WhatsApp-Ordner auf dem Computer in den Whats-App-Ordner des Smartphones übertragen werden.

Wenn Sie den kompletten WhatsApp-Ordner als Sicherung auf Ihren PC kopiert haben, gehen Sie zur Wiederherstellung auf dem neuen Gerät wie folgt vor:

1. Kopieren Sie **vor** der Installation von WhatsApp den kompletten WhatsApp-Ordner von Ihrem PC auf den internen Speicher Ihres Smartphones.

2. Installieren Sie nun WhatsApp auf Ihrem Smartphone, so wie Sie es im ersten Kapitel dieses Buches kennengelernt haben.

   Fertig – Sie können WhatsApp wie gewohnt benutzen.

Und wenn sich Ihre mobile Telefonnummer ändert?

Möglicherweise wechseln Sie einmal Ihren Vertragsanbieter (Ihren *Provider*) und nehmen Ihre Mobilfunknummer nicht mit. So wechseln Sie in diesem Fall mit WhatsApp die Mobilfunknummer auf Ihrem Android-Smartphone:

1. Legen Sie die neue SIM-Karte in Ihr Smartphone ein, und starten Sie das Gerät.

2. Tippen Sie auf Menü ⋮, wählen Sie **Einstellungen ▸ Account ▸ Nr. ändern**. Lesen Sie sich die Hinweise genau durch, und tippen Sie auf **WEITER** (❶ auf Seite 94).

3. Geben Sie im nächsten Fenster zunächst die alte ❷ und dann die neue Telefonnummer ❸ ein. Tippen Sie auf **FERTIG** ❹.

   Nach der Verifizierung ist WhatsApp auch schon auf die neue Nummer migriert.

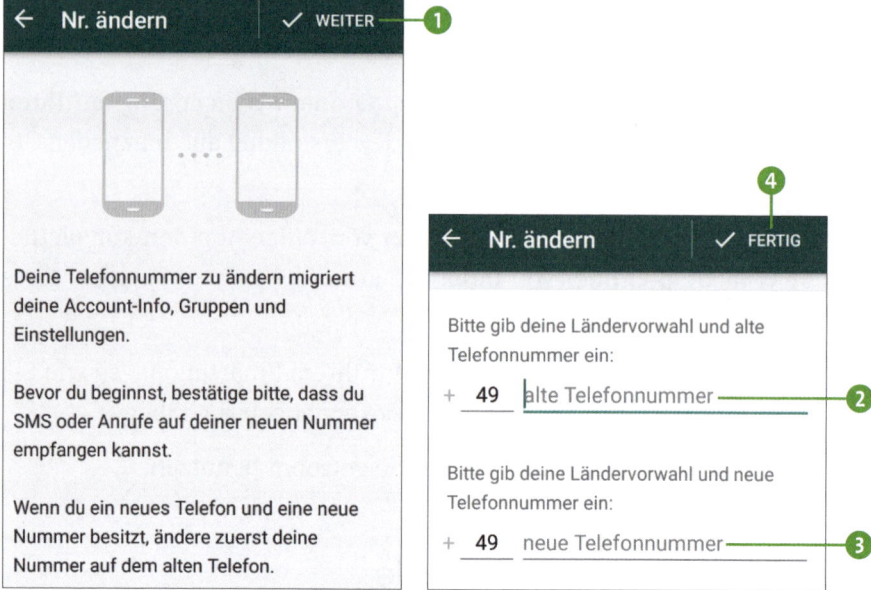

Wie diese Verifizierung erfolgt, können Sie noch einmal im Abschnitt »Der erste Start« ab Seite 10 nachlesen. Im folgenden Abschnitt lernen Sie noch eine weitere Methode, die Verifizierung in zwei Schritten, kennen.

Bitte denken Sie daran, Ihre Chatpartner über einen Nummernwechsel zu unterrichten. Es ist eine übliche Vorgehensweise von Mobilfunkanbietern, alte Telefonnummern nach geraumer Zeit zu recyceln, d. h. diese an einen anderen Mobilfunkteilnehmer neu zu vergeben.

Und was ist zu tun, wenn Sie eine neue Nummer **und** ein neues Smartphone bekommen?

1. Führen Sie zuerst den Nummernwechsel auf dem alten Smartphone durch.

2. Entnehmen Sie die SIM-Karte, und legen Sie diese in das neue Smartphone ein.

3. Stellen Sie Ihr Backup wieder her, so wie im Abschnitt »Mit einer WhatsApp-Datensicherung auf ein neues Smartphone umziehen« ab Seite 90 beschrieben.

Sicherheit in WhatsApp

WhatsApp spricht davon, eine sog. *Ende-zu-Ende-Verschlüsselung* einzusetzen. Dies bedeutet, dass die Nachrichten nur von den jeweiligen Chatpartnern, nicht aber von WhatsApp gelesen werden können. Voraussetzung ist, dass alle Chatpartner die neueste WhatsApp-Version benutzen.

Innerhalb eines Chats weist WhatsApp gelegentlich auf die Verschlüsselung hin.

> 🔒 Nachrichten, die du in diesem Chat sendest, sowie Anrufe sind jetzt mit Ende-zu-Ende-Verschlüsselung geschützt. Tippe für mehr Infos.

Mehr zu diesem Thema ist auf *https://www.whatsapp.com/security* zu finden.

Um zu verhindern, dass von einer SIM-Karte missbräuchlich Gebrauch gemacht wird, hat WhatsApp die *Zwei-Faktor-Authentifizierung* (2FA) eingeführt. Ist diese aktiviert, ist es nicht möglich, die »alte« SIM-Karte in ein neues Gerät zu stecken und WhatsApp auf diesem ohne Weiteres wiederherzustellen. Die 2FA ist allerdings standardmäßig nicht aktiv, sondern muss eingeschaltet werden.

1. Öffnen Sie das Menü ⋮ und dann die **Einstellungen**. Tippen Sie auf **Account ▸ Verifizierung in zwei Schritten**.

2. **AKTIVIEREN** Sie im nächsten Bildschirm mithilfe der entsprechenden Schaltfläche (❶ auf Seite 96) die Verifizierung.

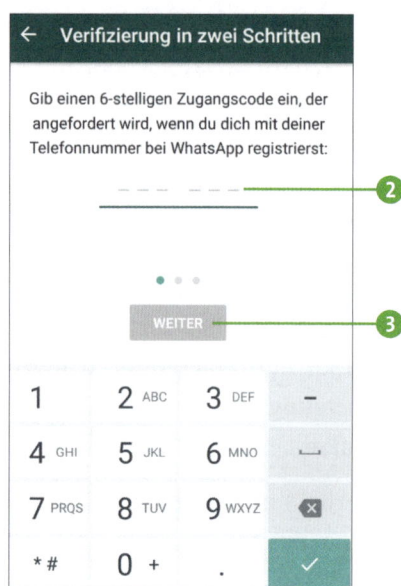

3. Geben Sie einen sechsstelligen Zugangscode ein ❷, und wiederholen Sie die Eingabe im nächsten Schritt. Tippen Sie hierfür auf **WEITER** ❸.

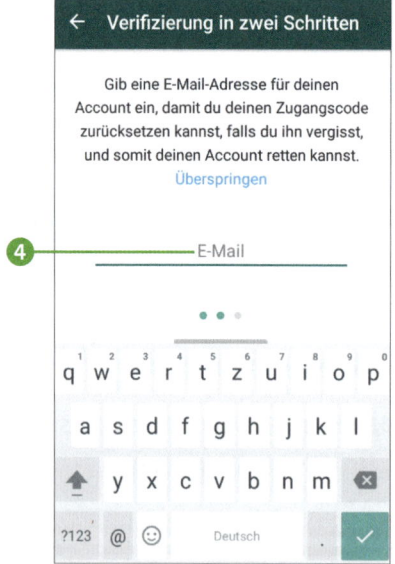

4. Im nächsten Schritt geben Sie eine E-Mail-Adresse ein ④. An diese wird Ihnen eine Wiederherstellungsanweisung gesandt, falls Sie Ihren Code vergessen haben sollten.

5. Tippen Sie im nächsten Bildschirm auf **FERTIG**.

6. Abschließend werden Sie darüber informiert, dass die Verifizierung aktiviert ist. Im selben Bildschirm ist es Ihnen möglich, die Verifizierung durch Antippen sogleich wieder zu **Deaktivieren** ⑤. Zudem können Sie den **Zugangscode ändern** ⑥ bzw. eine neue **E-Mail-Adresse eingeben** ⑦.

7. Tippen Sie auf Zurück ⑧, um die Verifizierung abzuschließen.

Möchten Sie im Nachhinein die 2FA wieder deaktivieren bzw. den Zugangscode oder die E-Mail-Adresse ändern, öffnen Sie wieder das Menü ⋮ und dann die **Einstellungen**. Hier tippen Sie auf **Account** und danach auf **Verifizierung in zwei Schritten**. Eine Änderung ist nunmehr möglich.

WhatsApp up to date halten

Unabhängig davon, mit welchem Betriebssystem Ihr Smartphone ausgerüstet ist: Halten Sie Ihre Apps stets aktuell (und hier meinen wir alle Apps, nicht nur WhatsApp). Entweder erfolgen die Aktualisierungen automatisch, oder sie müssen manuell vorgenommen werden.

Bei einem Android-Smartphone ist z.B. immer voreingestellt: **Automatische App-Updates nur über WLAN zulassen**. Überprüfen Sie Ihr Gerät dahingehend, und verändern Sie ggf. die Einstellung.

Das Aktualisieren der Apps bringt Ihnen nicht nur die neuesten Features (Funktionalitäten) – Sie erhöhen hierdurch auch die Sicherheit und Stabilität des Systems.

Den WhatsApp-Account löschen

Zum Schluss zeigen wir Ihnen etwas, das Sie hoffentlich nie brauchen werden 😊:

1. Tippen Sie im Menü ⋮ auf **Einstellungen ▸ Account ▸ Meinen Account löschen**.

2. Lesen Sie sich die Hinweise genau durch, und folgen Sie diesen.

3. Löschen Sie schließlich durch Antippen von **MEINEN ACCOUNT LÖSCHEN** Ihr WhatsApp-Konto.

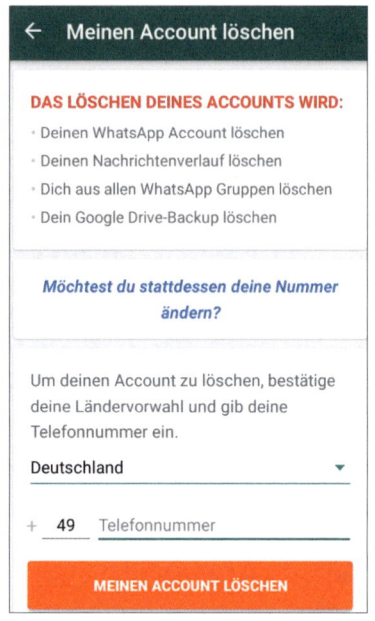

Stichwortverzeichnis

- Bild für Bild und Schritt für Schritt

- Internet, E-Mails, Fotos, Video, Musik und Dateien

- Mit Merkhilfen am Seitenrand

Jörg Rieger, Markus Menschhorn

Windows 10 für Senioren

Windows 10 mühelos Bild für Bild und Schritt für Schritt erlernen! Das wünschen sich sicher nicht nur Einsteiger der sogenannten Generation 50 plus. Diese Anleitung zum aktuellen Windows ist dabei sehr verständlich geschrieben und in gut lesbarem Großdruck verfasst. Zum wahren Vergnügen wird dieser Lernkurs vor allem dank der Kurzzusammenfassungen, der komfortablen Merkhilfen am Seitenrand und vielen wichtigen Hinweisen zu Sicherheit und möglichen Stolperfallen. Für alle, die sich Windows und seine tollen Möglichkeiten ohne weitere Hilfe aneignen möchten. Natürlich in Farbe!

384 Seiten, broschiert, in Farbe, 19,90 Euro

ISBN 978-3-8421-0233-0

www.vierfarben.de/4396